古文書くずし字

見わけかたの極意

油井宏子

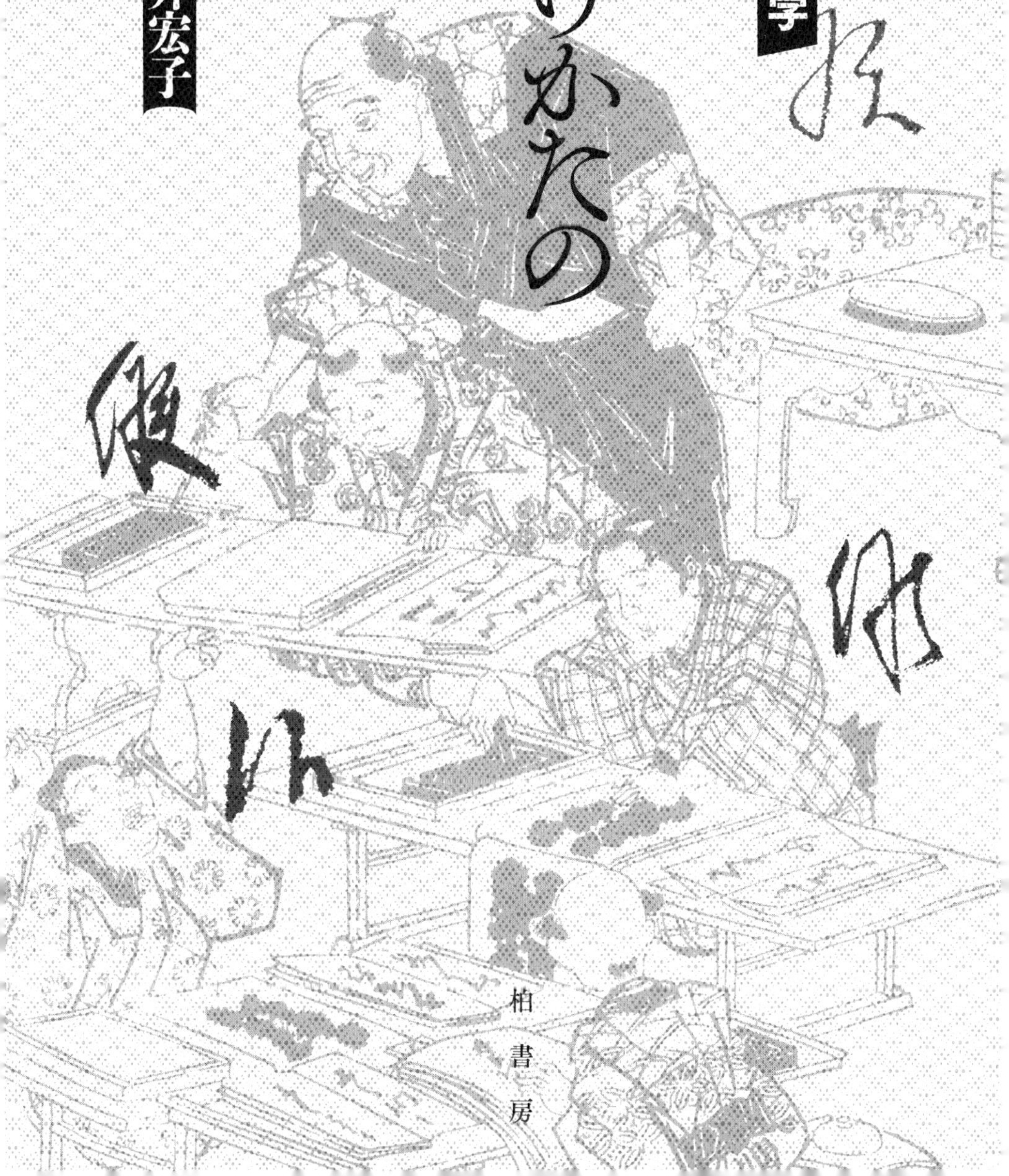

柏書房

はじめに

くずし字を見た時、その字の〝どこの〟〝何に〟注目しますか。

何を手がかりに、読もうとしますか。

初めて古文書に出会った方は、初心者らしく、大胆かつ新鮮な見方をなさるでしょう。

講座の時に「この字が、そんな風に見えたのか！」と、私も〝びっくり、感動〟することがあります。「なるほど！」と、思わず大きな声をあげてしまうこともあります。それは、間違いというよりは、〝斬新な見方・すてきな勘違い〟です。その数を重ねることによって、「そこに、そんな字が来るはずがない」「そんな読み方では、文章の意味が通じない」「さっき読めたあの字と似ている」などと気がついて、軌道修正していくことができます。

ベテランの方は、経験を生かして、慎重かつ着実に読み進めていかれるでしょう。

その文書の主旨をつかみ、背景を考察しつつ、この部分では何を言おうとしているかを考え、それに合致した意味を表すいくつかの文字を思い浮かべ、その中でこのくずし字に当てはまるものといえば……と考えて、瞬時に適切な字を選択なさいます。「おみごと！」と〝共感、感動〟を覚えます。

しかし、いずれにしても人名・地名などの固有名詞は難しいですね。前後の文意から推し量ることができません。

人名に出てくる字は、比較的限られていますが、それでも迷う場合があります。

地名の場合も、よく知られた地名や、古地図や地名辞典などで確認できるもの以外については、くずし字の見えるままで読んでおくしかないことになります。

また、いつも読み慣れている分野以外の文書を読んだ時も、とまどわれるのではないでしょうか。たとえば、いつも農村の文書を読んでいる方が、商人の文書や武士の文書を読む時、あるいは海運や漁業に関する文書を読む時、字のくずし方は同じであっても、登場する用語は初めてであったり、知らなかったりします。そうすると、くずし字自体が読めない、読めても何を言っているのかわからない、ということになります。

そこがまた古文書の尽きることのない面白さでしょう。初心者の方にとっても、ベテランの方にとっても、どこまでもその内容や背景を縦横無尽に探求していける奥深さがあり、それが史料そのものが持つ魅力だと思います。

さて、その末長い楽しみのためにも、まず、くずし字が読めなくてはなりません。

そのためには、くずし字の〝どこの〟〝何に〟着目したらよいかはとても重要です。注目すべき場所をじょうずに知ることによって、それに類似した多くのほかの字も、能率よく見わけることができるようになりますので、一挙両得です。

本書では、章ごとにくずし字を色々な角度から見ていきます。

たとえば、漢字の部首に注目して、よく似た紛らわしい部首を、節ごとにテーマにした章もあります。〝これとこれは似ている〟という情報を知っているのと知らないのとでは、まったく違います。その知識があると、読めるくずし字の範囲が、ぐんと広がります。

部首以外の部分が目立つくずし字も、たくさんあります。そこで、〝仲間パターン〟から見わけることを試みた章もあります。「分」パターン 「青」パターン 「成」パターン 「戔（戋）」パターンなどを、楽しみながら探してください。

各章で、それらについて詳しく説明したのはもちろんのこと、**〝かくれんぼ！ 見つけよう！〟**というたくさんの練習問題で、実践的に問題を解きながら、見わけられるようにしました。練習問題は①から㊸まであり、多くの文字や文書を入れましたので、くずし字を解読していくための練習・訓練として、大いに役立ててください。

〝プラスαを楽しもう〟コラム①～⑤にも、ヒントになる新しい着眼点があると思います。

本書を読み、活用してくださるすべての方々が、くずし字や古文書をさらに身近に感じてくださるようにと願っています。

二〇一三年三月

油井宏子

凡例

一、解読文は、原則として常用漢字を使いました。

二、助詞として読む場合には、「者」「江」「而」は、漢字のまま小さく右寄せにし、「カタカナ」の「ニ」も小さく右寄せにしています。

三、本書では、ひらがな読みをしている変体仮名を「ひらがな」、カタカナ読みをしている変体仮名を「カタカナ」としました。

四、音読のための、ひらがな読みは、読みやすくするために読点を多めに打ってあります。

古文書くずし字　見わけかたの極意

目次

第一章✣「カタカナ」と「ひらがな」は漢字から読める　11

第二章✣部首から漢字を読む　31

第一章 ❖「カタカナ」と「ひらがな」は漢字から読める

第一節　古文書に出てくる「カタカナ」

江戸時代の古文書には、漢字も「ひらがな」も「カタカナ」も出てきます。幕末の文書などの中には、アルファベットさえ出てくることもあります。

〝そんなにあって混乱しないのか？〟と、ご心配でしょうが、だいじょうぶです。「カタカナ」については、出てくるものが限られています。では、よく出てくる「カタカナ」の例を挙げてみましょう。

「右ニ付（みぎにつき）」

「偏ニ（ひとえに）」

「更ニ不レ存（さらに、ぞんぜず）」

「妨ニも相成候由ニ候（さまたげにも、あいなりそうろうよしにそうろう）」

【二】

右は「カタカナ」の「ニ」とその前後を、文書中から拾ったものです。どんなことに気がつくでしょうか。

そうですね。〝前後のくずし字よりも小さく、右寄り〟に書かれています。漢字から次の漢字にそのまま筆がつながらずに、間に小さく二本線がチョンチョンといった感じで書かれている時には、「ニ」が入っていると考えて声に出して読んでみてください。それで語調が自然であれば、助詞の「ニ」です。

かなり縦長に伸びていたり、逆に筆が重なっていて一本の線に見えたりしても、音読することによって「ニ」と読むのが適切だろうと判断できます。

「或ハ（あるいは）」

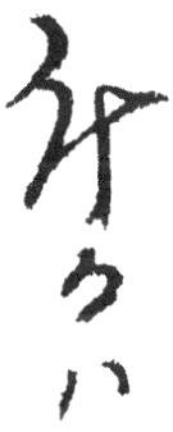

「付而ハ（ついては）」

「左候ハ、（さそうらわば）」

「相背族於レ有レ之ハ（あいそむくやから、これあるにおいては）」

【ハ】

「ニ」が縦に開いていたのに対して「ハ」は横に開いています。

その角度は、私たちが書くように下で両側にきれいに開いているとは限らず、右下に向かった二本の平行線であったり、左右がつながって横一本線のように見えたりすることもあります。これを「ハ」と読んでいいのだろうかと迷われるかも知れませんが、これまた声に出して読んでみると、前後の文意から「ハ」と読むしかないと判断できます。

「ハ」の下に「カタカナ」の繰り返しの記号である「ヽ」が書かれている、つまり「ハ」を二度読むことになる

「候ハヽ（そうらわば）」は、古文書の中にたくさん出てきます。「候」については、第五章で見ます（146ページ）。

「本人ヲ尋出し（ほんにんを、たずねだし）」

「書付ヲ以（かきつけをもって）」

「御慈悲ヲ以（ごじひをもって）」

【ヲ】

「カタカナ」の「ヲ」は、「○○ヲ以」という使われ方でよく出てきます。その際、右の「書付ヲ以」のように、「ヲ」が「以」とくっついてしまっている形がよく見られます。最初は見わけにくいかもしれませんが、慣れてくると〝ああ、「ヲ以」だ！〟と見えてきます。

「依テ如レ件（よって、くだんのごとし）」

「残テ（のこして）」

「引残テ（ひきのこして）」

【テ】

ここに挙げた「テ」は、比較的読みやすいですね。のように、下の横棒と「ノ」が一緒になってしまったくずしも見かけますが、前後の文脈から「テ」と読めると思います。

これで、助詞「テ」「ニ」「ヲ」「ハ」を見たことになります。

「カタカナ」は、このほかに送り仮名として漢字に添えられて出てくる場合があります。その代表例が「ク」と「リ」ですが、活字にするとはっきり区別できる「ク」と「リ」が、くずし字を見ているだけではけっこう見わけにくいのです。むしろ、上に書かれた漢字から「ク」か「リ」かが判断できますので、〝なるほどこれで「ク」なのか〟〝これを「リ」と読ませるのか〟と、その都度経験していくことになるでしょう。

たとえば、〝上の横棒がないから「リ」だと思ったら、これで「ク」なのか〟〝こっちは、つながっているところが横棒に見えて「ク」だと思ったら、「リ」なんだ〟などと、くずし字自体を見る目も養われて、ほかでの応用がききます。

「ル」「ケ」「サ」「メ」「シ」なども、時々出てくる「カタカナ」です。次の①から⑳のくずし字の中には、どんな「カタカナ」が隠れているか、探してみてください。

練習問題1　かくれんぼ！　見つけよう！

①

②
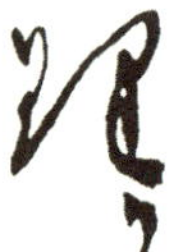

③

④

⑤

次のページに、「カタカナ」の部分に網を掛けます。

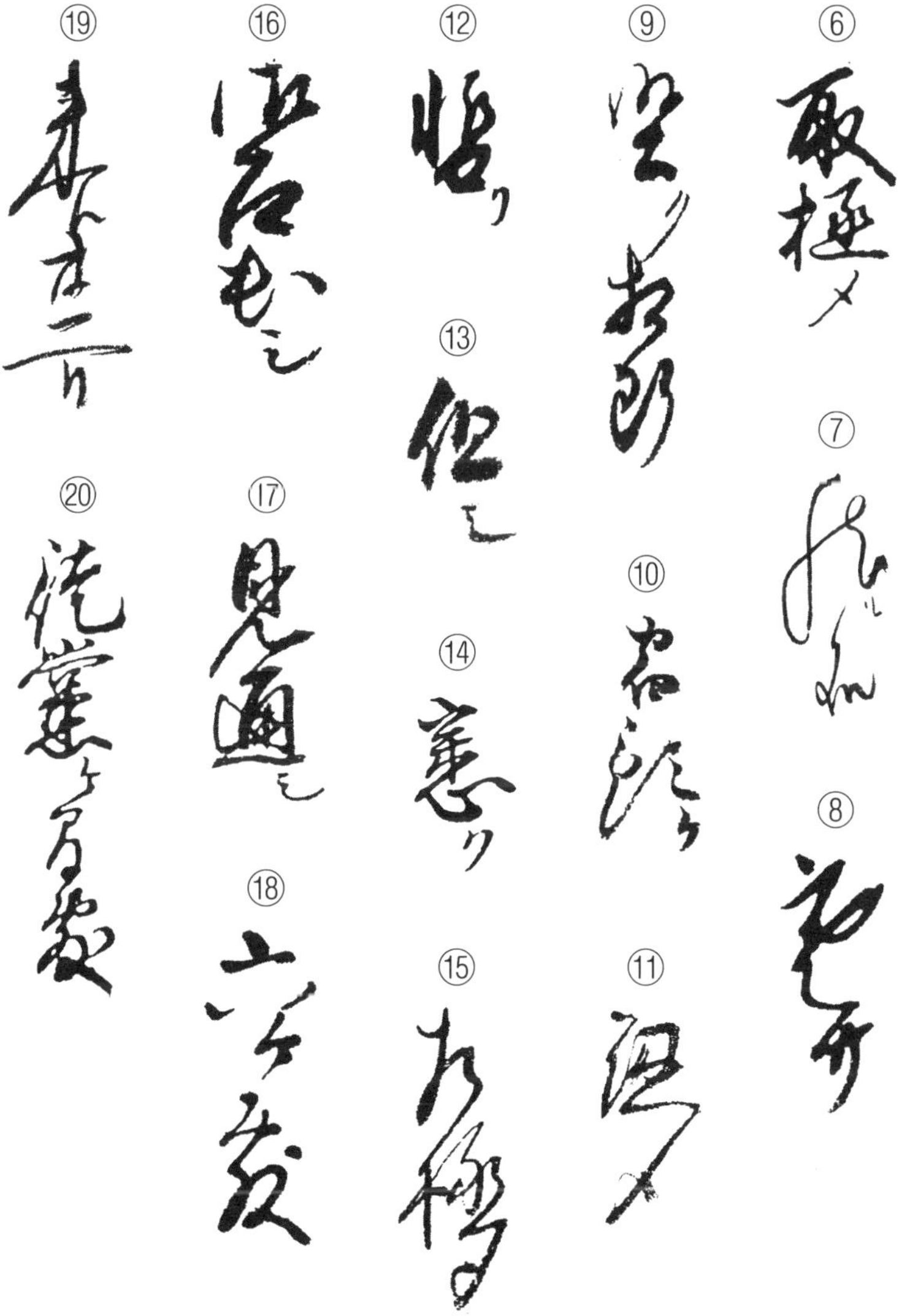

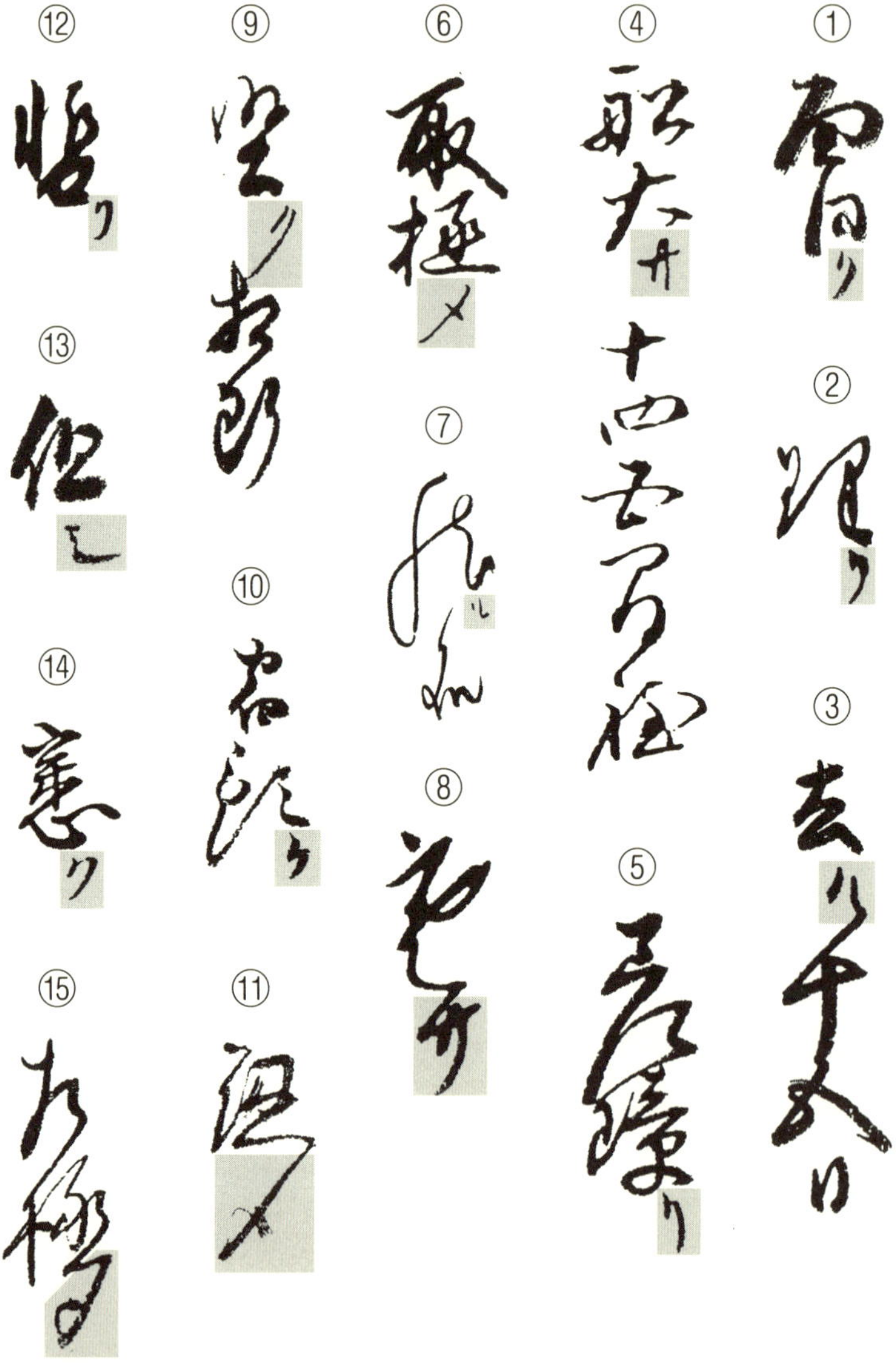

①②③④⑤⑥⑦⑧⑨⑩⑪⑫⑬⑭⑮

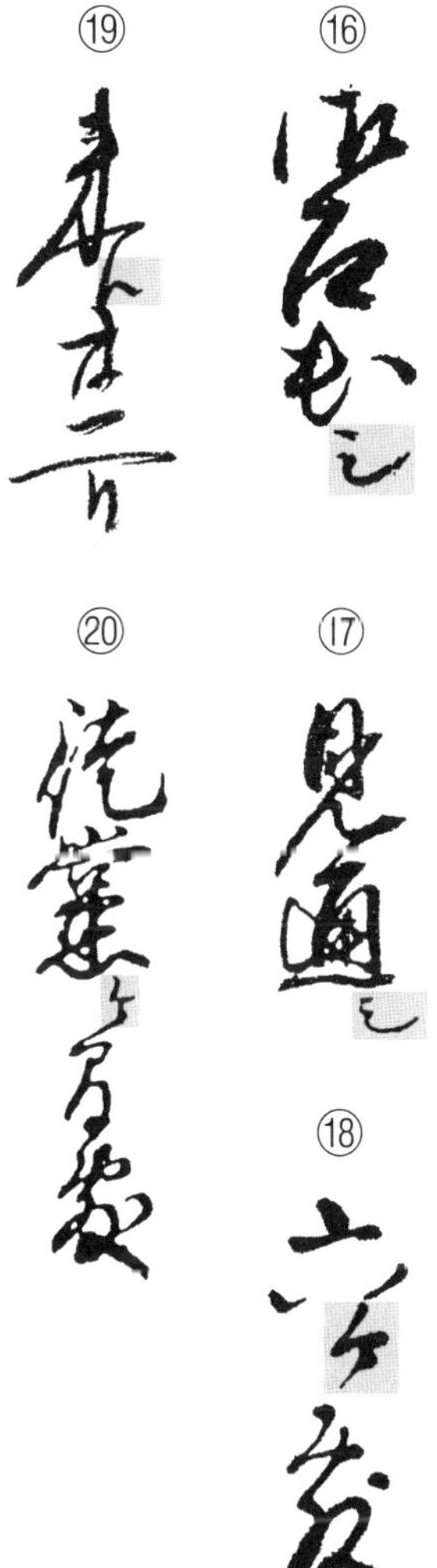

①面白**ク**（おもしろく）　②理**リ**（ことわり）　③去**ル**十五日（さるじゅうごにち）
④船大**サ**十四五間程（ふねおおきさ、じゅうしごけんほど）　⑤差障**リ**（さしさわり）
⑥取極**メ**（とりきめ）　⑦然**ル**処（しかるところ）　⑧寒**サ**（さむさ）
⑨堅**ク**相断（かたく、あいことわり）　⑩宿預**ケ**（やどあずけ）　⑪認**メ**（したため）
⑫暫**ク**（しばらく）　⑬但**シ**（ただし）　⑭悉**ク**（ことごとく）　⑮相極**メ**（あいきめ）
⑯御召出**シ**（おめしだし）　⑰見通**シ**（みとおし）　⑱六**ケ**敷（むつかしく）
⑲来**ル**廿二日（きたる、にじゅうににち）
⑳徒党**ケ**間敷（ととうがましく＝何かをたくらんで、集まるようなこと）

漢字から類推して、それに続く「カタカナ」を見つけて読むことができたでしょうか。

次は「カタカナ」が二つ以上含まれている箇所を拾ってみました。探してみてください。

練習問題 2

？かくれんぼ！ 見つけよう！

①
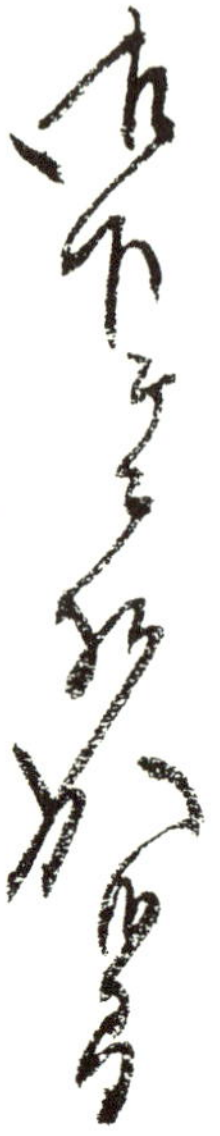

②
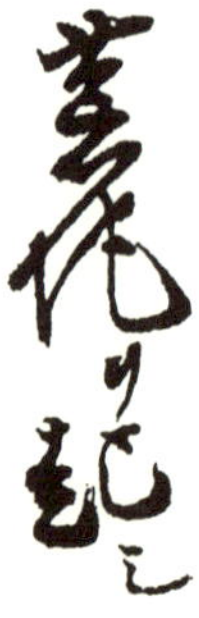

③
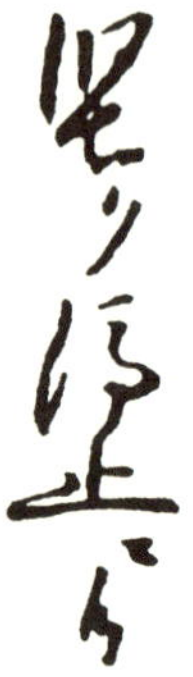

④
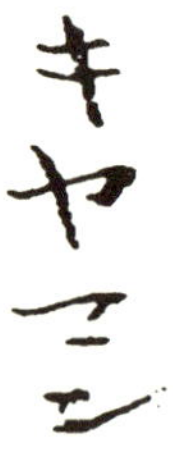

⑤
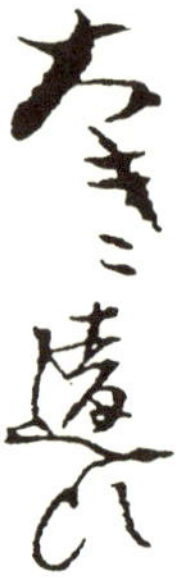

⑥
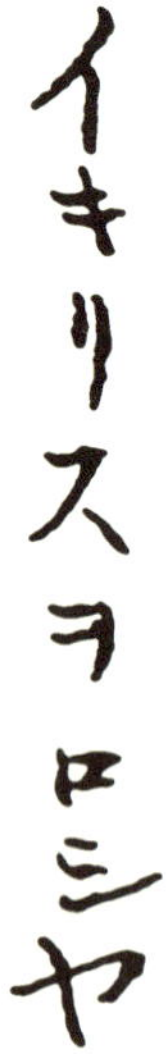

では、カタカナ部分に網を掛けてから、読みを載せます。

①
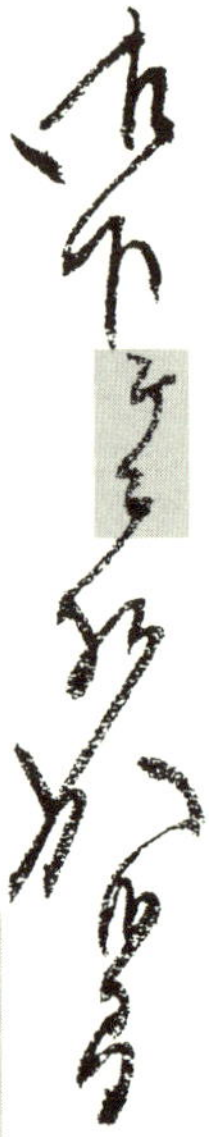

②
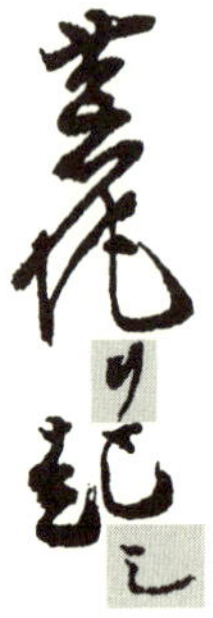

③
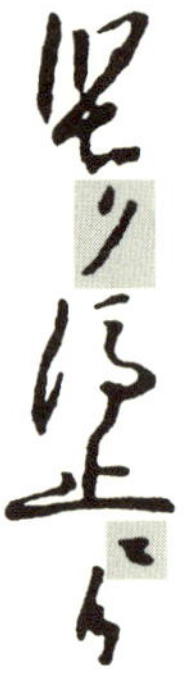

④
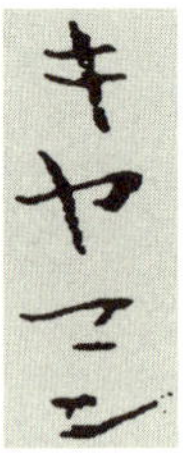

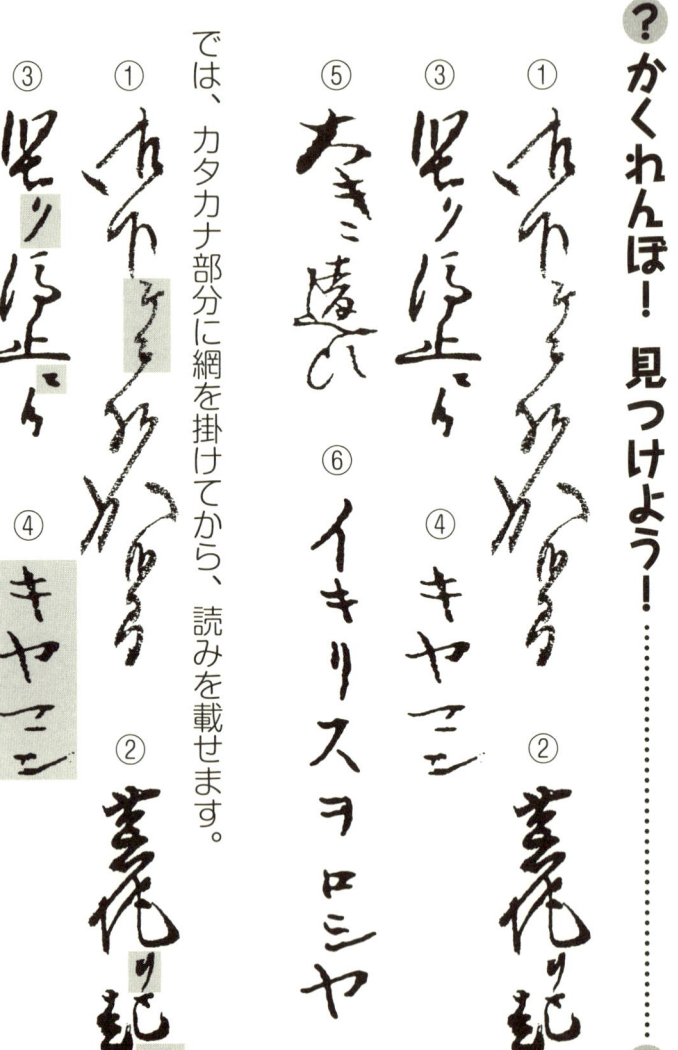

⑤

⑥

①御下**ケニ**相成候間（おさげに、あいなりそうろうあいだ）
②荒地**ヲ**起**シ**（あれちをおこし）
③堅**ク**停止**ニ**候（かたく、ちょうじにそうろう）
④**キヤマン**（ギヤマン＝ガラス）
⑤大**キニ**違ひ（おおきにちがい）
⑥**イキリスヲロシヤ**（イギリス・オロシヤ＝ロシア）

どうだったでしょうか。〝なるほど、くずし字の中にこんな風に「カタカナ」が入っているのか〟と実感していただけたと思います。その「カタカナ」を読む決め手は、漢字です。助詞として出てくる「カタカナ」、送り仮名として出てくる「カタカナ」などは、その上や下に書かれた漢字が読めれば、見当がついて読めてしまいます。

たとえば、右の②  のリは、それを単独で見ただけでは、何だかわからないでしょう。しかし、上に書かれた  を「荒地」、下の  を「起シ」と読めれば、それをつなぐものは「ヲ」しかないとわかり、字形からも納得がいきます。

第二節　古文書に出てくる「ひらがな」

「ひらがな」は漢字がくずれたものですので、漢字が読めることと「ひらがな」が読めることは直結していると言えます。〝漢字が読めれば、「ひらがな」も読める〟を、まず実感していただきたいと思います。たとえば、左を見てみましょう。

練習問題 3

? かくれんぼ！　見つけよう！

左のA・Bのくずし字の中で、同じ字を見つけてください。

A

B

Aには、十個の文字があります。その中には前節で見た「カタカナ」も見えますね。

Bは七文字です。その中で、A・Bの両方に共通している文字は、ひとつだけです。

A

B

網を掛けたこの二文字は、同じ文字です。両方とも「加」が書かれています。それを、Aは漢字、Bは「ひらがな」として読みます。

A　村方宗門ニ相**加**江候間（むらかたしゅうもんに、あい**くわ**えそうろうあいだ）

B　取**か**わし之証文（とり**か**わしのしょうもん）

「加」が、「加える」という漢字としても、「か」という「ひらがな」としても使われているのです。

文書の中に「加」が書かれているとわかったら、まず「くわえる」と読んでみる。それで意味が通じなければ、次は「か」と読んでみる。それで前後の意味も通じ、語調も自然であれば、「ひらがな」の「か」として書かれているのだな、と判断できます。

では、次の例を見てください。

かくれんぼ！ 見つけよう！ ……練習問題4

左のC・Dのくずし字の中で、同じ字を見つけてください。

C

D

Cの三文字とDの五文字の中で、共通するものはどれでしたか。

C

D

そうですね。網を掛けたのは、どちらも「可」です。

Cの方は漢字の「可（べし）」。ここでは、読む時にに続きますので「べき」と活用させます。Dの方には濁点が打ってあります。「可」を「ひらがな」の「か」として読ませ、それに濁点が打ってあるので「が」です。

C　**可**レ致事（いたす**べき**こと）

D　手負な**がら**（ておいな**がら**）

ついでにお話しておくと、Dのは「奈」がくずれた「な」、は「良」がくずれた「ら」です。

　奈・可に濁点・良　↓　ながら

Bの「加」とDの「可」は、両方とも「ひらがな」の「か」として使われていました。「か」と読むのは「加」「可」だけでなく、ほかにも「閑」「家」「哥」などがあります。

いずれにしても、もとになっている漢字を知ることが、「ひらがな」を読むための大切な手がかりになります。

I、「ああ、そうか、あの漢字がくずれているのだな」と見える。

II、その漢字を、どう〝ひらがな読み〟するかを知っている。

III、「ひらがな」として読める。

頭の中で、自然にこの流れができることによって「ひらがな」は読めます。

もとの漢字を知らなくても、今まで何となく読めてきた、ということももちろんあると思います。でも、この際、もとの漢字を必ず意識するようにしてみてください。そうすることによって、漢字の勉強にも「ひらがな」の勉強にもなります。次の例を見てみましょう。

練習問題5

? かくれんぼ！ 見つけよう！

次の二つは古文書の中でよく見る「ひらがな」の表現です。何と読むのでしょう。また、どんな漢字がくずれたものでしょう。

E

F

Eは、以・多・之で「いたし」。Fは、於・為・天で「おゐて」。

このように確認していくことによって、たとえば、「多」がのようにくずれて「た」、「為」がのようになって「ゐ」、が「天」で「て」などと、それぞれの字を「漢字」としても「ひらがな」としても知っていくことができます。

古文書の中では、くずれ方が大きいから「ひらがな」、あまりくずれていないから漢字、とは限りません。例に挙げたA・Bの「加」、C・Dの「可」を見てもほとんど同じようなくずし方でしたね。逆に〝こんなにはっきり書いてあるのに、これで「ひらがな」として読むのか〟〝こんなにくずしてあるのに漢字か〟ということも、しばしばです。つまり「同じ字」なのです。「同じ字」を、漢字として読むか「ひらがな」として読むかだけのことなのです。あくまで音読してみて、文意文脈を考えて、どう読めば自然な語調で意味が通じるかで判断しながら読み進めることになります。

「ひらがな」は一字一字独立して分かれて書かれているよりも、つなげて書かれていることの方が多いですから、どこからどこまでが一文字かを見わけることが最初は大変です。しかし慣れていくにしたがって見えてきます。油井宏子監修『古文書検定　入門編』（柏書房）は、「ひらがな」に特化した、「ひらがな」が読めるようになるための段階を追った練習帳です。楽しみながら活用して「ひらがな」に強くなってください。

▼▼▼プラスαを楽しもう①▲▲▲　小さく書かれる字

「付而ハ（ついては）」

「村方宗門ニ相加江候間（むらかたしゅうもんに、あいくわえそうろうあいだ）」

右の二つ、どこかで見たことがありますね。第一章に出てきた表現でした（13・23ページ）。小さく書かれているくずし字に注目してください。そうですね、「カタカナ」が小さく書かれるのでした。しかし、それだけではなさそうです。

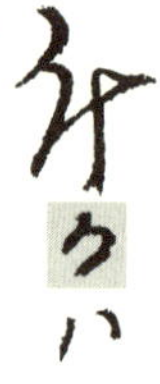

右の網掛けの字も、明らかに小さく書かれています。「而（て）」と「江（え）」ですね。これに加えて「者（は）」など、漢字が「ひらがな読み」されて助詞として使われている時などに、小さく書かれていることが多く、文書を読む目安になることがあります。本コラムでは、それを見ておきましょう。

【而】

「**追**而（おって）」

「**先達**而（せんだって）」

「**内々**ニ而（ないないにて・うちうちにて）」

【江】

「**何方**江（いずかたえ）」

「**御役所**江（おやくしょえ）」

「**百姓共**江（ひゃくしょうどもえ）」

【者】

「**右ニ付**而者（みぎに、ついては）」

「**然ル上**者（しかるうえは）」

「江戸表江（えどおもてえ）」は、上の「江」は漢字として、下の「江」は「どこどこえ（へ）」の助詞として使われています。「四人之者者（よにんのものは）」は、どうでしょう。上の「者」が漢字、下が「何々は」の「は」です。面白いですね。

第二章 ❖ 部首から漢字を読む

第一節　上下・左右などの部分に注目しよう

では、いよいよ本章から、本書の主題であり、くずし字の大部分を占める漢字に入ります。江戸時代に使われていた漢字は、現在私たちが使っている漢字と基本的に同じです。旧字などの少し難しい字や、異体字と呼ばれる今は使われなくなった字もありますが、古文書の中に出てくるほとんどの字は、私たちが今も日常的に使っている漢字です。

ですから「このくずし字は何の字だろう」と思った時には〝今、あなたが読んだり書いたりしている字〟を思い浮かべてください。〝今朝の新聞で読んだ字〟や〝昨日出した手紙に書いた字〟〝パソコンの画面で見る字〟など〝あなたの知っている字〟が、そこに書かれているはずです。〝どこか遠くの知らない世界の難しい字〟が書かれているのではありません。

では、その〝知っている字〟を見わけるための実践に入りましょう。決め手は部首を読み取ることです。そのために、まずくずし字をじっくり見て、その字は〝上下に分かれている〟のか、それとも〝左右から構成されている〟のか、などを見わけてください。

「そんなのは簡単だ」と思われるかもしれませんが、くずし字は一筆でつながって書かれていることが多いですので、案外難しいかもしれません。

？かくれんぼ！ 見つけよう！ 練習問題6

次のくずし字①から⑱は、それぞれどのような部分から成り立っているでしょうか。

A、上下［冠（かんむり）、脚（あし）など］

B、左右［偏（へん）、旁（つくり）など］

C、その他［構（かまえ）、垂（たれ）、繞（にょう）など］

ここでは、何偏（なにへん）か何冠（なにかんむり）かなどは、ひとまず気にしないことにして、まずは漢字の構成に注目して、AかBかCかを判断してください。

さて、どうだったでしょうか。「見たとたんにわかった」でしょうか。「意外に難しかった」でしょうか。

解答を示してみると、次のようになります。

① C	⑦ C	⑬ A
② A	⑧ B	⑭ B
③ A	⑨ A	⑮ C
④ B	⑩ C	⑯ C
⑤ C	⑪ A	⑰ A
⑥ B	⑫ B	⑱ B

なぜそうなるのか、もう一度じっくり見てみましょう。

左は、それぞれのくずし字が上下・左右・その他に分かれて見えるように、その一方に網を掛けたものです。網を掛けた方が、その字の部首です。

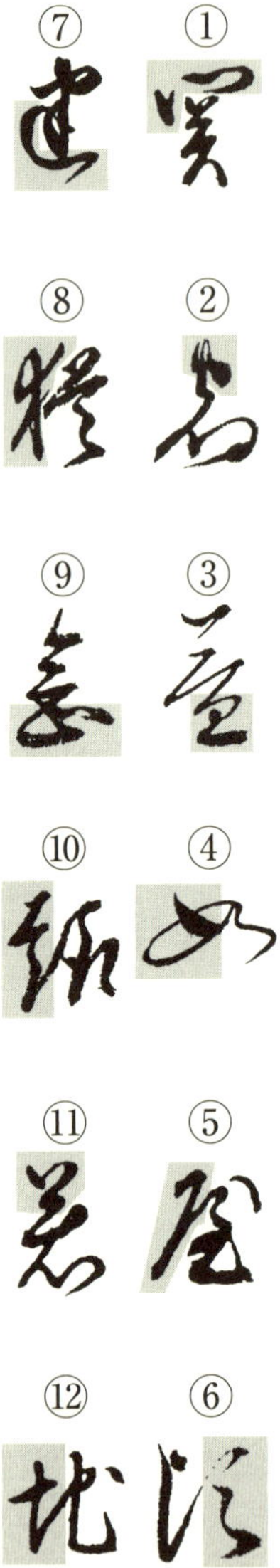

⑬⑭⑮⑯⑰⑱

構成ごとにそれぞれのくずし字を分けてみると、次のようになります。

A、上下　②③⑨⑪⑬⑰

B、左右　④⑥⑧⑫⑭⑱

C、その他　①⑤⑦⑩⑮⑯

くずし字の構成がこのように〝見える〟ことはとても大切で、そうなってきたらしめたものです。それぞれの部首を、その字を解明していくための手がかりにすることができるからです。もちろん、部首ではない部分の方がヒントになる場合もあるでしょう。

第二節　『くずし字字典』や『漢和辞典』を活用しよう

では少し話を進めて、①から⑱が何の字かを考えてみましょう。「もう、全部読めた」という方も、「さっぱり見当がつかない」という方もご一緒にいきましょう。

ここでは、⑪を例にとってみます。

⑪

初めてこのくずし字に出会った時、どうしたら読めるでしょうか。

先生に教えてもらう、読める仲間に聞く、というのは一番早くて確実な解決方法ですね。しかし「教わらずに自分で読めるようになりたい」と思われる場合もあるでしょう。頼れる先生も仲間もまわりにいなくて、独学で古文書に取り組んでいる方もいらっしゃるでしょう。

その場合、先ほどからお話しているようにが上下に分かれているようだと気がついたらしめたものです。上のか、下のか、そのどちらかの見当がつけば『くずし字字典』や『漢和辞典』を活用することができるからです。また、何の字かを調べている過程で、前後の文字や文意文脈からも「ああ、そうか」と、読めることもあります。

⑪の場合は部首のからでも、その下のからでも手がかりがつかめそうです。
まずからいきましょう。上の部分ですから「かんむり」だと予想できます。

『くずし字字典』を手元にお持ちでしたら、それを利用することにしましょう。部首ごとのくずし方が一覧になっているページを開けてみてください。左は、『入門　古文書小字典』（柏書房）の「主要部首別くずし字索引」の「かんむり」の部分です。

【入】【宀】【艹】【止】【癶】【竹】【雨】

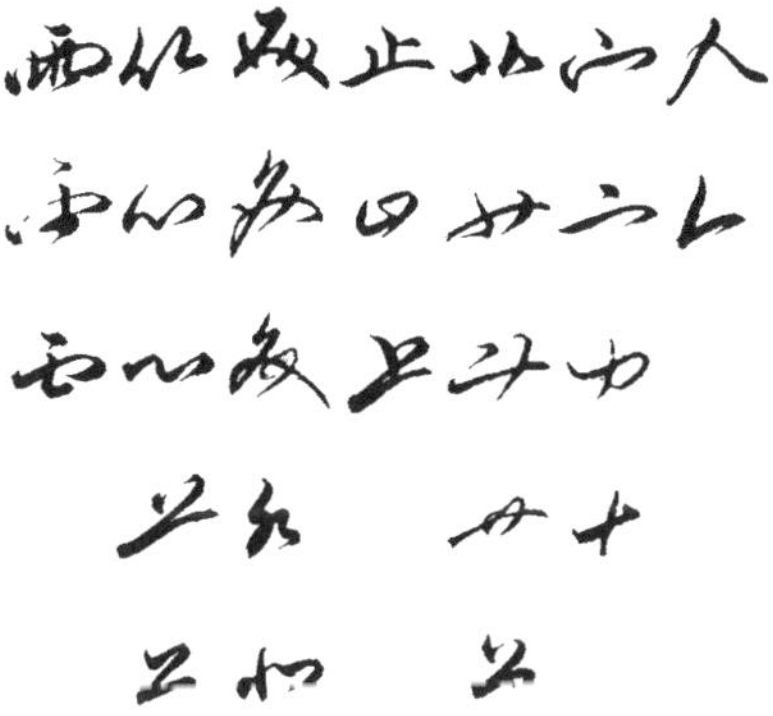

この中で、⑪のに似ているくずしを探してみると、

【艹】の一番下の

【竹】の下二つ

この二つの部首が、似ているようです。ということは、この字は「くさかんむり」か「たけかんむり」の字らしい、と見当がつきます。

次は下の部分です。

ア

●〝は「右」だ！〟と読めてしまう場合

●「くさかんむり」に「右」なら「若」。

●「たけかんむり」に「右」は見たことがない。

だから、⑪は「若」だ、とわかります。文書中で「若」と読んでみて、文意が通じて語調も自然であれば、だいじょうぶだと安心できます。

「若」は、「もし」という読み方でよく出てきます。「若哉（もしや）」「若又（もしまた）」なども見かけるでしょう。もちろん「若者（わかもの）」「若殿様（わかとのさま）」などでも出てきます。

イ

●が何であるか見当がつかない場合

●『くずし字字典』の本文の、「くさかんむり」と「たけかんむり」の字を初めから見て、似ているくずし字を探していきます。

●もし、『くずし字字典』をお持ちでなかったら、『漢和辞典』で「くさかんむり」と「たけかんむり」にはどんな字があるかを調べるだけでも、かなりの見当がつきます。

これは、大変な作業のように思われますが、慣れてくればたいしたことはありません。まして「くさかんむり」か「たけかんむり」のどちらからしい、としぼられているのですから、勇んで探すことができます。

たとえば、『入門　古文書小字典』の「くさかんむり」の字は「花」から始まっています。

【花】

この中には、⑪に似たくずしはありません。次の字を見ます。

【苦】

これも、似ているようですが、少し違います。は「古」ではないようです。さらに、次の字を見てみましょう。

【若】

真ん中のくずしが、⑪にそっくりだ、と見て取れます。は「右」では「若」だったのだ、と調べがつきました。

ア イ いずれの場合も、ここで終わりにしないで、このあとが大切です。

1、ついでに、「右」のページも見ておきましょう。

【右】

なるほど、上の二つは一画目を横棒から書いたパターンで、下の三つは斜めの線から入っている、とわかります。傾き方が違っていたり、長さが異なっていたりしますが、「右」にはこの二通りの書き方があることがわかりました。現在の学校教育での「右」の〝正しい〟筆順は斜め線からですが、江戸時代のくずし字の「右」には、横棒から始まるくずしもたくさん出てきます。

これを前ページの「若」に対応させてみましょう。

上の三つ  この「右」は横棒から、

下の二つ  この「右」は斜めからですね。

2、「若」のページの用例も見ておきましょう。左にいくつか挙げてみます。

「若シ（もし）」

「若隠置（もし、かくしおき）」

古文書の中では、「若」だけで「もし」と読んでしまう場合もあれば、このように「カタカナ」の「シ」を送って「若シ」で「もし」の場合もあります。

右の二つの「若シ」では、「右」が二通りのくずしで書かれています。の「右」は、かなりくずれていますがよく見るくずしです。

Ⅰ、部首などの〝手がかり〟を上手に見つけて、そのくずし字を読む。

Ⅱ、その時に、〝読めた字の周辺〟の知識をついでに増やしていく。

これが文書を読んでいく上で大きな力になります。

では、⑪「若」以外についても、前節の①から⑱の漢字のそれぞれの部首を探してみましょう。

第三節「部首」を手がかりに

かくれんぼ！見つけよう！ 練習問題7

次の②③⑨⑬⑰のくずし字の中にある「かんむり」あるいは「あし」は何でしょう。部首の一覧から探してください。

A、上下

② ③ ⑨ ⑬ ⑰

［かんむり］

【人】【宀】【艹】【止】【癶】【⺮】

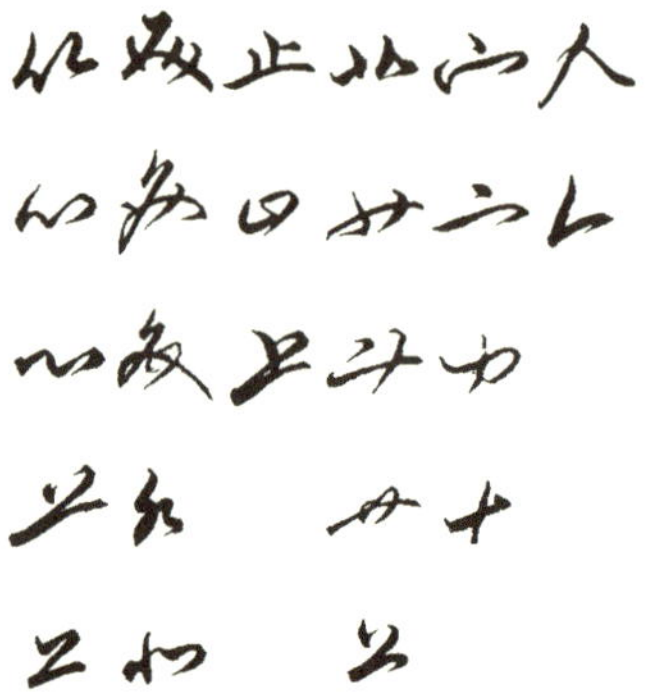

【雨】

［あし］

【灬】

【心】

【皿】

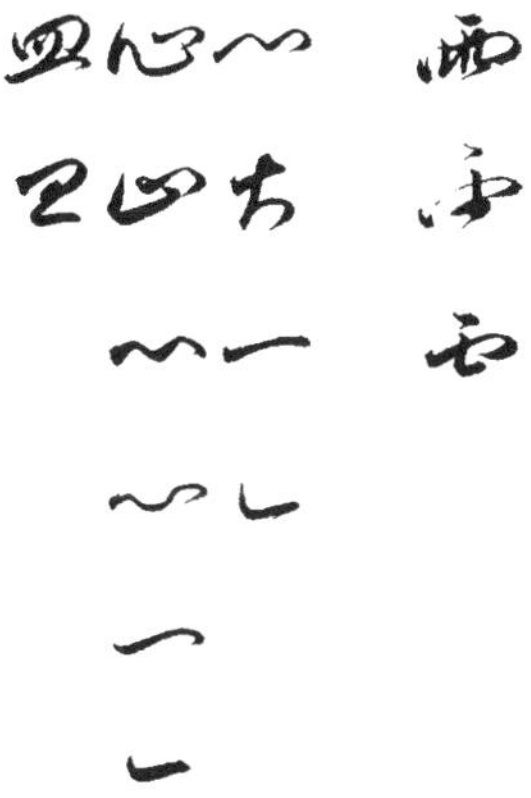

よく見比べて、似ているものを探してから、左を見てください。

② 【宀】「うかんむり」

③ 【皿】「さら」

⑨ 【心】「したごころ」

⑬ 【癶】「はつがしら」

⑰ 【雨】「あめかんむり」

次に、「若」の時と同じように、それぞれのくずし字について、その部首のページを繰って、似ているくずし字を見つけてください。ピタリと同じに見えなくても、指でくずし字をなぞってみると〝同じくずし方をしている〟〝同じ筆運びをしている〟などとわかってきます。ありましたか。では、次のページに、それぞれが何の字か載せます。

②  「うかんむり」→「宿」

③  「さら」→「益」

⑨  「したごころ」→「念」

⑬  「はつがしら」→「発」

⑰  「あめかんむり」→「露」

？かくれんぼ！ 見つけよう！ 練習問題 8

次の④⑥⑧⑫⑭⑱のくずし字の中にある「へん」あるいは「つくり」は何でしょう。部首の一覧から探してください。

B、左右

④ 

⑥ 

⑧ 

⑫ 

⑭ 

⑱ 

［へん］

【亻】 

【土】 

【女】

【亻】

【扌】

【氵】

【犭】

【木】

【糸】

【言】

【金】

［つくり］

【刂】

【攵】

【月】

【隹】

【頁】

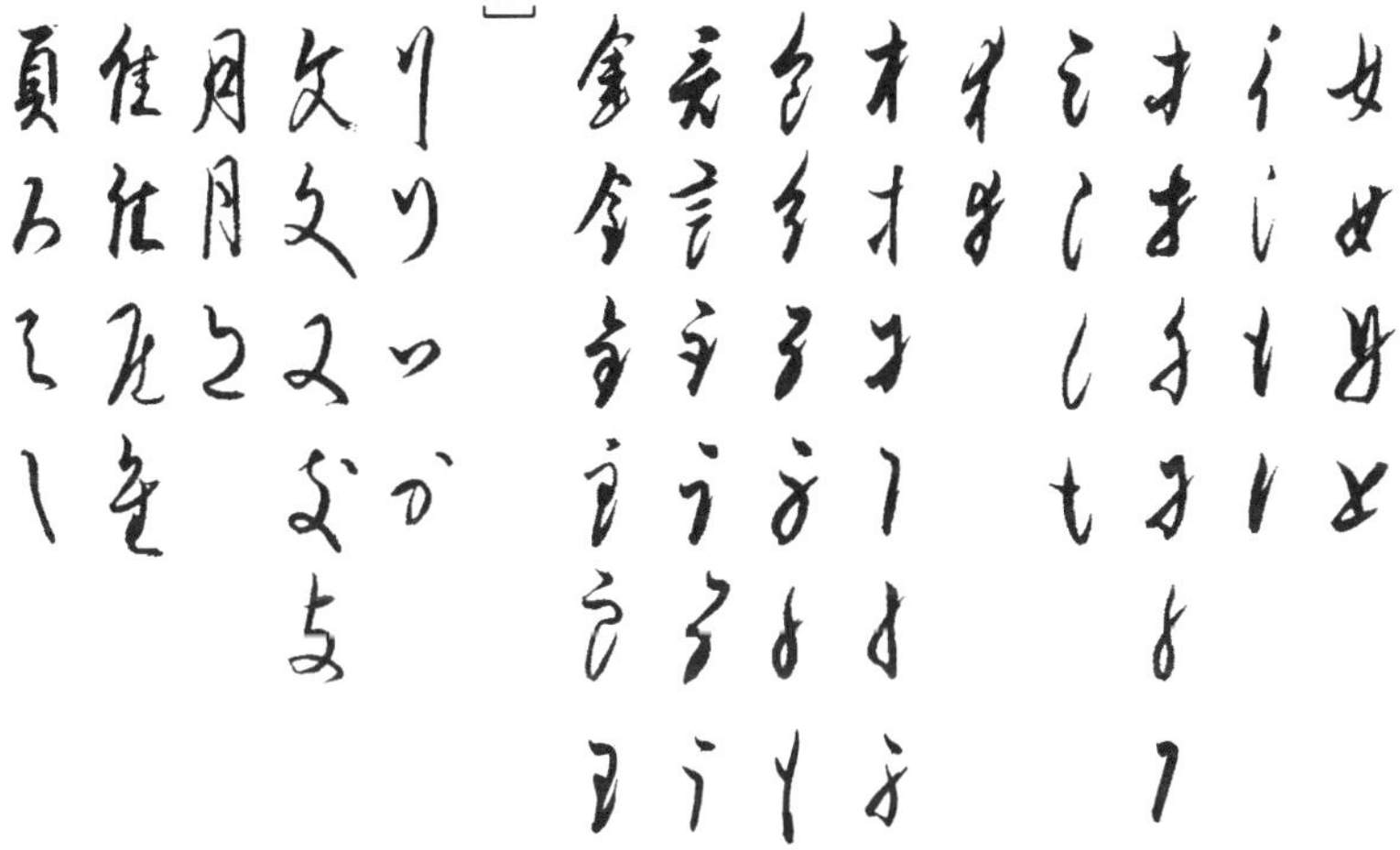

「へん」や「つくり」は数多くあるため、少ししぼって載せました。似たものを探せたでしょうか。

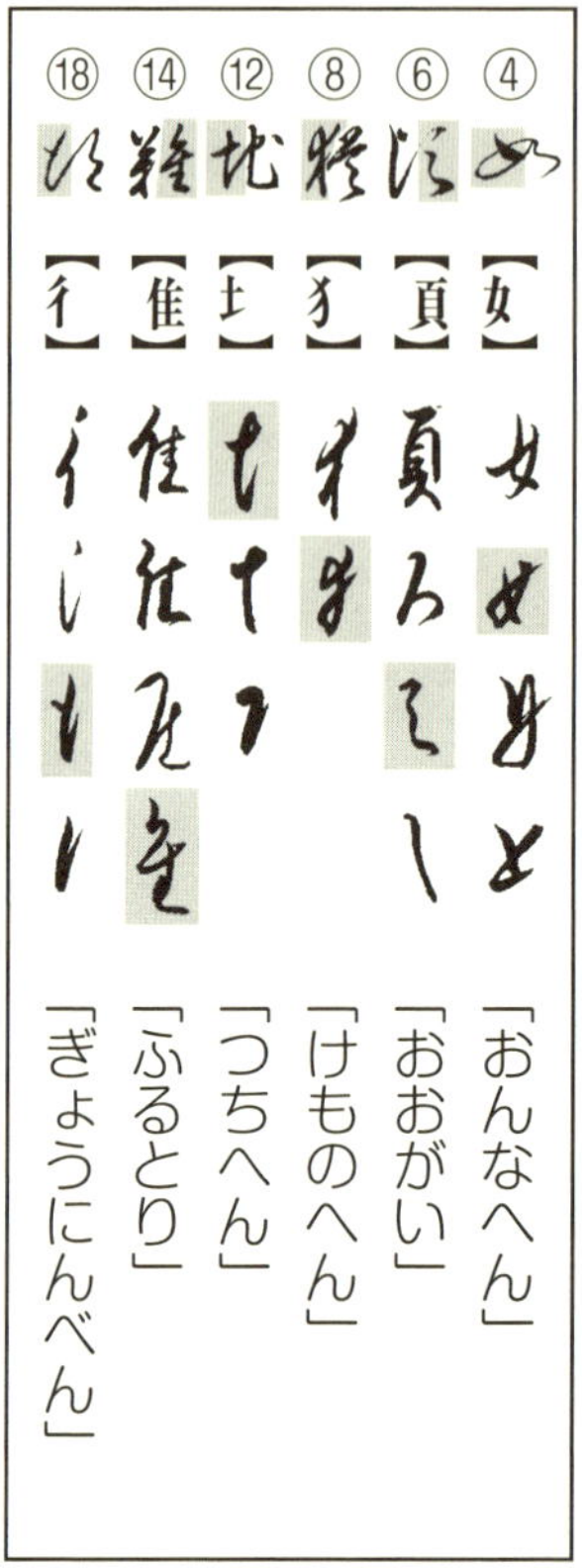

どうだったでしょうか。ここでは、だいぶ悩んだのではないでしょうか。というのは、〝似ているくずし〟〝同じようなくずし〟が、「へん」の中にたくさんあるからです。

たとえば、⑱これの「へん」について考えてみましょう。

【亻】「にんべん」

【彳】「ぎょうにんべん」

【氵】「さんずい」

網を掛けた三つは、どう見ても同じに見え、どれも⑱の「へん」に似ています。
つまり、縦棒に点を打ったこのくずしは、「にんべん」のことも「ぎょうにんべん」のことも「さんずい」のこともあるのです。⑪ののくずしが「くさかんむり」にも「たけかんむり」にもあったのと同じですね（38ページ）。

したがって、⑱を見ただけでは、この「へん」が「ぎょうにんべん」とは限らず、「にんべん」かもしれないし、「さんずい」かもしれません。⑪の時と同じように、「ぎょうにんべん」「にんべん」「さんずい」の字を、すべて見ていくことになります。ちょっと大変ですが、数あるくずし字の中で、この三つの部首にしぼられたのですから、やみくもに探すよりずっと能率的です。⑱については、ページを繰っていくうちに、「ぎょうにんべん」の字の中にこれを見つけることができます。

【得】

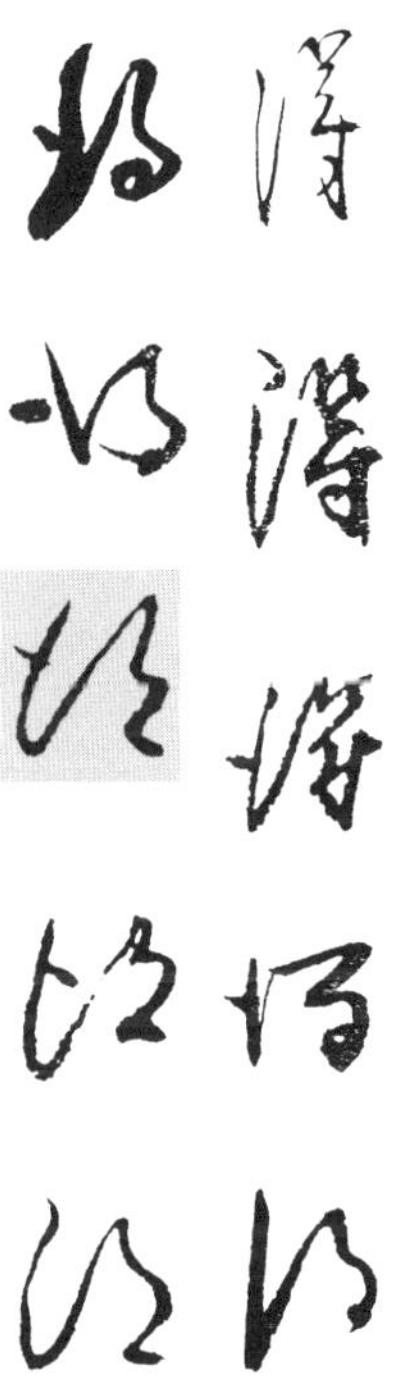

「にんべん」や「さんずい」には、似た字はなさそうです。ということで、⑱は「ぎょうにんべん」の「得」だとわかりました。

このように、〝くずしが似てしまう部首が、いくつかある〟というのは、文書を読んでいて、みなさんが気づかれることだと思います。それを知っておくことは、くずし字を見わける上でヒントになりますし、文書の読解を助けます。それについては、あとで新たに章を設けて述べることにしましょう。

もちろん、文書の中では、前後の文字や文意文脈からも判断して読むことが大切です。『漢和辞典』に載っている部首や熟語も、大いに参考にしましょう。

では、④⑥⑧⑫⑭⑱について、何の字か載せておきます。

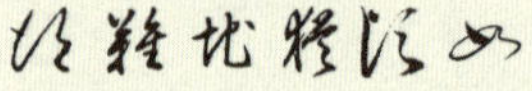

④「おんなへん」→「如」
⑥「おおがい」→「頃」
⑧「けものへん」→「猶」
⑫「つちへん」→「地」
⑭「ふるとり」→「難」
⑱「ぎょうにんべん」→「得」

では、先に進みましょう。

①～⑱の中で、「C、その他」の六文字です。

? かくれんぼ！ 見つけよう！ 練習問題 9

次の①⑤⑦⑩⑮⑯のくずし字の中にある「にょう」あるいは「たれ」「かまえ」は何でしょう。部首の一覧から探してください。

C、その他

① 

⑤ 

⑦ 

⑩ 

⑮ 

⑯ 

［にょう］

【夊】 

【辶】 

【走】 

［たれ］

【厂】 

【尸】 

【广】 

【户】 

【疒】

［かまえ］

【口】

【門】

さあ、どうだったでしょうか。

今回も「しんにょう」と「えんにょう」、「がんだれ」と「しかばね」など、似通ったくずしもありますが、その時は、その両方のページを引いてみてください。そして、部首以外の部分も含めて、くずし字全体の字形から判断してください。

調べはついたでしょうか。では、それぞれの部首と読みを載せます。

①	「もんがまえ」	→「関」
⑤	「しかばね」	→「屋」
⑦	「しんにょう」	→「迷」
⑩	「そうにょう」	→「趣」
⑮	「まだれ」	→「庄」
⑯	「やまいだれ」	→「病」

これで、部首を手がかりに①から⑱までを読むことができました。数限りないすべての字のくずし方を覚えることは、とても大変です。

〝これは「いとへん」の字だ〟

〝これは「ごんべん」かな、そうじゃなかったら「あしへん」だろうな〟

〝「くにがまえ」の字らしい。複雑だからたぶん旧字のくずしだ〟

〝「おおがい」の字の何かだ〟

などと、部首の見当がつけば、その字全体の字形からも、もちろん文書の前後の文意文脈からも読めていきます。

そして、読めた際に大切なことは、必ず声に出して読んでみること。その読み方で意味が通じるか、きちんと文意が取れるか、語調が自然か、を確認してください。いくら〝字典の字〟にそっくりでも、語調が不自然で意味が通じなければ、読み違いをしていると考えられます。もう一度、ほかの可能性をさぐってみましょう。

そして、読めたくずし字の上を、指でなぞってみてください。〝なるほど、こうくずれているのか〟と実感がわき、見ているだけとは違う気づきや学びがあります。

では、次章は、似ている部首について見ていきましょう。

▼▼▼プラスαを楽しもう②▲▲▲　異体字

第二章の初めにお話したように、古文書に書かれている漢字のほとんどは、現在も私たちが日常的に使っている字です。しかし、江戸時代の文書にはとてもよく出てくるのに、現在はほとんど使われなくなってしまった字もあります。明治期にひとつの形に統一されてしまったために、学校教育の中で習わなくなり、新聞や書物などの活字でもお目にかからなくなってしまった文字です。その中のいくつかを、本コラムで取り上げます。

右は「何時二而も（なんどきにても）」と書かれています。〝いつでも〟という意味ですね。

〝プラスαを楽しもう①小さく書かれる字〟（29ページ）で見た「二而（にて）」がありますね。

でも、ここで注目していただきたいのは、網をかけた「時」です。

私たちが書く「時」は、「ひへん」に「寺」です。しかしこのは「ひへん」に「寸」が書かれています。古文書には、このように「寸」の形のくずしがたくさん出てきます。「寺」も出てきますが、圧倒的に「寸」の方が多いのです。

「時節（じせつ）」

「時之相場（ときのそうば）」

「五ツ時過（いつつどきすぎ）」

この**時**のように、現在は使われなくなってしまった字は〝異体字〟と呼ばれています。異体字には色々なものがあります（詳しくは、油井宏子監修『江戸時代&古文書 虎の巻』〔柏書房〕を参照してください）。ここでは、古文書によく出てくる異体字、古文書を始めるにあたって知っておきたい重要な異体字を、あと四つ見ておきましょう。いずれも、下に書かれた異体字の方が頻出です。

【異】  **より** （「旲」）

 **「異儀**（いぎ）**」**

 **「異見**（いけん）**」**

 **「異船**（いせん）**」**

【最】  **より** （「㝡」）

 **「最寄**（もより）**」**

 **「最前**（さいぜん）**」**

 **「最早**（もはや）**」**

【違】  **より** （「遠」）

 **「取違**（とりちがい）**」**

 **「無二相違」**（そういなく）**」**

 **「手違**（てちがい）**」**

【等】  **より** （「ホ」）

 **「何等**（なんら）**」**

 **「手当等**（てあてなど）**」**

 **「我等**（われら）**」**

色々な文字が使われ、正解がひとつではなかった世界。それは、いい加減なのではなく、文字について懐の深かった時代、多様性の時代と考えて、様々な文字や書き方を楽しんでください。

第三章 ❖ 似ている部首を知っておこう

第一節　「てへん」と「きへん」

練習問題10

?かくれんぼ！　見つけよう！

①から③は何と書かれているでしょうか。また、網が掛かった字の部首は何でしょう。

①

②

③

あまりくずれていませんので、読みやすかったですか。それとも難しかったですか。

①**検**地（けんち）　②為二**検**使一（けんしとして）　③**検**見（けみ）

つまり、網の字はすべて「**検**」。その「へん」だけ拾ってみると

これが、すべて「きへん」ということになります。

①

②

③

このような〝見たところ「てへん」に見えるような「きへん」〟が多く見られます。

？かくれんぼ！ 見つけよう！ 練習問題11

①から⑤は何と書かれているでしょうか。また、網が掛かった字の部首は何でしょう。

①

②

③

④

⑤

①村**柄**（むらがら）　②事**柄**（ことがら）　③折**柄**（おりから）　④年**柄**（としがら）
⑤時節**柄**（じせつがら）

網掛けの字はすべて「**柄**」。つまり「きへん」です。

①の「村」も、これで「きへん」です。

そして③の「折」。これは「てへん」ですが、その下の「柄」の「きへん」とほとんど同じくずしです。「折柄」の「てへん」と「きへん」がそっくりなことを確認できました。

これを知っていると、今までに読んだことがないくずし字が出てきた時に、「てへん」で考えても該当するものがなければ「きへん」かもしれない、と思いつくことができます。

？かくれんぼ！ 見つけよう！ 練習問題12

「きへん」の字と「てへん」の字に注目しながら①から⑫を読んでください。

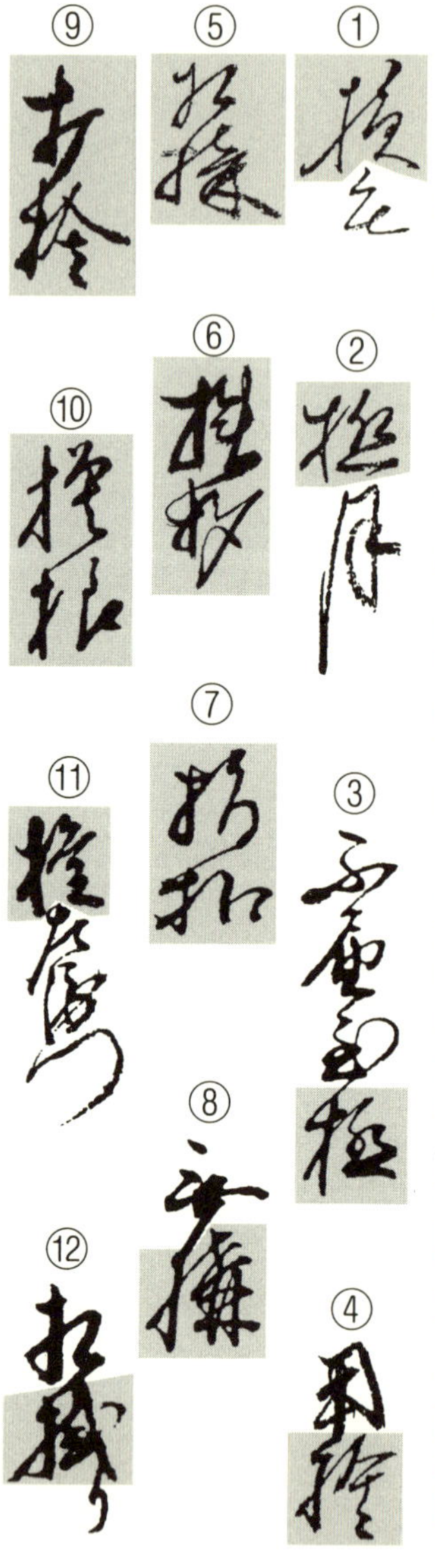

①損毛（そんもう） ②極月（ごくげつ） ③不届至極（ふとどきしごく） ④用捨（ようしゃ）
⑤相構（あいかまえ） ⑥挨拶（あいさつ） ⑦指扣（さしひかえ） ⑧無レ構（かまいなく）
⑨打捨（うちすて） ⑩模様（もよう） ⑪権左衛門（ごんざえもん） ⑫相掛リ（あいかかり）

①から⑫は、いずれも文書中でよく見る表現です。

① 「損毛（そんもう）」は作物（毛）の損害・被害のことです。日照り・洪水・虫害な

どでの凶作時の文書に、減免の願い（年貢を引き下げてほしいという要求）の根拠としてよく書かれている語句です。

② 「極月（ごくげつ）」は、十二月のことです。

⑦ 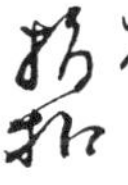「指扣（さしひかえ）」は「差扣」と同義です。「指」は「差」と同様に使われ、「差上・指上（さしあげ）」「差出・指出（さしだし）」などもよく出てきます。「扣」と「控」も同様に使われます。

さて、右ページで横に並んだ⑤ 「相構（あいかまえ）」と⑨ 「打捨（うちすて）」を改めて見比べてください。「きへん」と「てへん」ですが、筆運びも形もほとんど同じに見えます。

これを心得ていると⑪ 「権左衛門（ごんざえもん）」のような固有名詞の時、つまり前後の文脈から字を推測できない人名や地名などの時に、を〝「てへん」で引いてみたけれど似ている字がないので、「きへん」を探そう〟と、思いつきます。そして「権」に行き当たることが可能になります。

くずし字は、前後の文字や文脈から字を推し量るのが一番です。しかし、固有名詞など、それができない場合もあります。その時にこそ、〝「てへん」と「きへん」のくずしは似ている〟を有効に使ってください。

第二節「さんずい」「にんべん」「ぎょうにんべん」

さて、次はちょっとややこしいですが、古文書を読んでいると必ず行き当たることですので、ここでまとめておきましょう。

「さんずい」「にんべん」「ぎょうにんべん」のくずしの中には、とても似たものがあります。

【氵】「さんずい」

【亻】「にんべん」

【彳】「ぎょうにんべん」

47ページでもお話したように、右の網掛けのくずし、〝縦棒に点〟がそれです。

練習問題13

? かくれんぼ！ 見つけよう！

①から⑩までは、何と書かれているのでしょうか。

①

②

③

④

⑤

⑥

⑦

⑧

⑨

⑩

①漸々（ようよう）　②百姓代（ひゃくしょうだい）　③被二仰渡一（おおせわたされ）
④向後（こうご・きょうこう）　⑤不レ浅（あさからず）　⑥従二先年一（せんねんより）
⑦御無沙汰（ごぶさた）　⑧後役（あとやく）　⑨仕候（つかまつりそうろう）　⑩得心（とくしん）

②「百姓代（ひゃくしょうだい）」は、村方三役と呼ばれる村役人の役職のひとつです。名主（なぬし＝地域や時期によっては庄屋と呼ばれた村の長）や組頭（くみがしら＝年寄とも呼ばれた名主の補佐役）が村民側に立った村政を行っているか、不正がないかを監察するために農民側が設けたもので、江戸時代の半ば頃から文書で見られます。

④「向後」は「こうご」とも「きょうこう」とも読み〝これ以後、今後〟という意味です。

⑧の「後役（あとやく）」は、後任あるいは後任者の意味ですね。文書では「跡役」の書き方でも見られます。

さて、次のページに、①から⑩の網を掛けた字の「へん」だけを並べてみましょう。

① 
② 
③ 
④ 
⑤ 

⑥ 
⑦ 
⑧ 
⑨ 
⑩ 

これだけでは、「さんずい」か「にんべん」か「ぎょうにんべん」か、とても見わけがつかないことが改めてわかります。「へん」以外の部分も含めて全体のくずし字を見て判断する、もちろんその前後の文字や、文章の意味、その文書の言わんとしていることから推し量ることが肝心です。

③⑦⑧に注目してみましょう。

③ 

本節では「渡」の「さんずい」に注目しています。その上に書かれた「仰」は「にんべん」の字です。ここでは、その「にんべん」はのようにくずされていますが、もちろん、私たちが本節で注目している「縦棒に点」のくずしで書かれることもあります。

「被二仰越一（おおせこされ）」です。ここでは、「仰」の「にんべん」が「縦棒に点」になっています。

⑦ 

ここでも、「汰」の「さんずい」に対して、その上に書かれた「沙」は、同じ「さんずい」でも点なしのものでした。では、そうと限るのかというとそんなことはありません。

「追而御沙汰（おって、ごさた）」。⑦の場合と逆ですね。「汰」の方が点なしで、「沙」の方に点を打ってあります。もちろん、「沙」と「汰」の両方に点のない場合もたくさんあります。

「不レ及二沙汰一（さたにおよばず）」「可レ及二沙汰一（さたにおよぶべし）」。

次は「ぎょうにんべん」です。

⑧ 

「後」のに対し、「役」はです。これもよく見る「ぎょうにんべん」の形です。

もう一度、それぞれのくずしの一覧を見てみましょう。

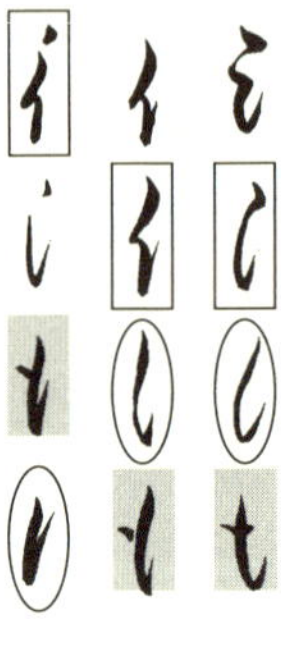

【氵】「さんずい」

【亻】「にんべん」

【彳】「ぎょうにんべん」

網を掛けた「縦棒に点」、あるいは◯で囲んだ「すっと伸びた縦棒」は、「さんずい」にも「にんべん」にも「ぎょうにんべん」にも見られます。一方、□で囲んだくずしが、一番その「へん」らしい特徴を持ったくずし、言ってみれば読みやすいくずしでしょう。

これらを頭に入れた上で、文書全体の中で字を判断してください。特に、初めて見る字、見当がつかない字、固有名詞などの時に思い出してください。

ということで、練習です。次を読んでみましょう。

かくれんぼ！ 見つけよう！ 練習問題14

左は、何と書かれているでしょうか。「さんずい」「にんべん」「ぎょうにんべん」の字はありますか。探してください。

上の部分  は「御公儀様（ごこうぎさま）」。「御」が「ぎょうにんべん」「儀」が「にんべん」の字です。

下の部分  は「御法度（ごはっと）」。「ぎょうにんべん」の 「御」がもう一度出てきました。「法」は「さんずい」の字。ここでは「さんずい」が、本節のテーマ〝縦棒に点〟で書かれていました。

それぞれ、どのくずしの形と似ているか、右ページの一覧と比べておきましょう。

「公儀法度」とは、幕府の法令のことです。

御公儀様御法度（ごこうぎさま、ごはっと）

第三節　「ごんべん」と「あしへん」

古文書には「ごんべん」の字もたくさん出てきます。

練習問題15

? かくれんぼ！　見つけよう！

次の①から⑩は、何と書かれているでしょう。

①

②

③

④

⑤

⑥

⑦

⑧

⑨

⑩

①から⑤までは、すべて「訴訟（そしょう）」
⑥から⑩までは、すべて「訴詔（そしょう）」

現在は「訴訟」と書かれますが、江戸時代の古文書の中には「訴詔」もたくさん出てきます。右のくずし字は、すべて「ごんべん」ですので、これで、２×10＝20で、二十通りの「ごんべん」を見たことになります。

「主要部首別くずし字索引」には、どのように載っているでしょうか。

【言】 

ここでは、おもなくずしを六つ拾ってあります。私たちが **練習問題15** で見た二十個の「ごんべん」は、この六つに当てはまりそうですか。ここで大切なことは、もし、〝ここには似たものがない〟と思われたら、自分で書き加えることです。たとえば、

①  の 

〝索引の一番上の  と同じだ〟と思った方は、それはそれでよし。

〝六つのどれとも似てないと思う〟という方は、早速真似して書き込みます。

〝自分の見え方〟でいいのです。書き込むか書き込まないかは、あなたです。そうすることによって、市販の字典が、書き込みを含めた〝**自分の字典**〟に変身していきます。

② 

これはどうでしょう。

〃訟の方のは四番目に似ているけれど、訴の方のは、似ているものがない〃と思われたら、だけ書き込みます。こうしていくと、

●真似して書くという作業

●それを、何度も見返すという経験

を、自然に積み重ねていくことになり、くずし字に慣れていくことになります。

〃読めた字を大切に〃しながら、〃くずし字の財産を増やしていく〃を、ここでも実践していってください。

? かくれんぼ！　見つけよう！　練習問題16

では、練習です。

目が「ごんべん」に慣れてきたところで、左の①から⑮の中にある「ごんべん」の字

を探してください。色々な「ごんべん」の字を、文書から拾ってきました。

だいじょうぶでしたか。では、「ごんべん」の字に網掛けをしてみます。

なぜ、⑥と⑬に網が掛からなかったのでしょうか。それは、同じように見えるのに「ごんべん」の字ではないから、ということですね。

では、読みながら考えていくことにしましょう。69ページの①から⑮を見て、読める字を読んでみてください。初心者の方には難しいかもしれませんが、指でなぞって「こんな字かな」と予想してみてください。読み慣れている方にとっては、よく文書の中で出会う言葉や表現ですね。

左に、「ごんべん」の字がない⑥と⑬も含めて、すべての読みを載せます。照らし合わせて確認してください。

①裁許（さいきょ）　②内訳（うちわけ）　③証文（しょうもん）　④訴出（うったえいで）
⑤議定（ぎじょう）　⑥通路（つうろ）　⑦評定所（ひょうじょうしょ）　⑧詰番（つめばん）
⑨世話人（せわにん）　⑩帳面相認メ（ちょうめん、あいしたため）　⑪諸役人（しょやくにん）
⑫引請（ひきうけ）　⑬無二跡形も一（あとかたもなく）　⑭不調法（ぶちょうほう）
⑮論外（ろんがい）

⑥ の
⑬ の

この両方とも「あしへん」です。私たちが今まで見てきた「ごんべん」にそっくりなくずしが、「あしへん」にも見られるのです。

【言】  「ごんべん」

【足】  「あしへん」

⑥のの右側のは「各」のくずしです。上には「通」が書かれていますので“は「ごんべん」ではなく「あしへん」では「通路」だ”と読むと納得できます。

⑬も字形全体を見ます。さらにその下に「形」が書かれていることから判断して「あしへん」の「跡」。「跡形も」まで読んでから、ひっくり返って一番上の「無」を読む。「無二跡形も一（あとかたもなく）」。

「路」と「跡」が使われている熟語を、もう少し載せてみます。

練習問題17

? かくれんぼ！　見つけよう！

次の①から⑥は、何と書かれているでしょう。

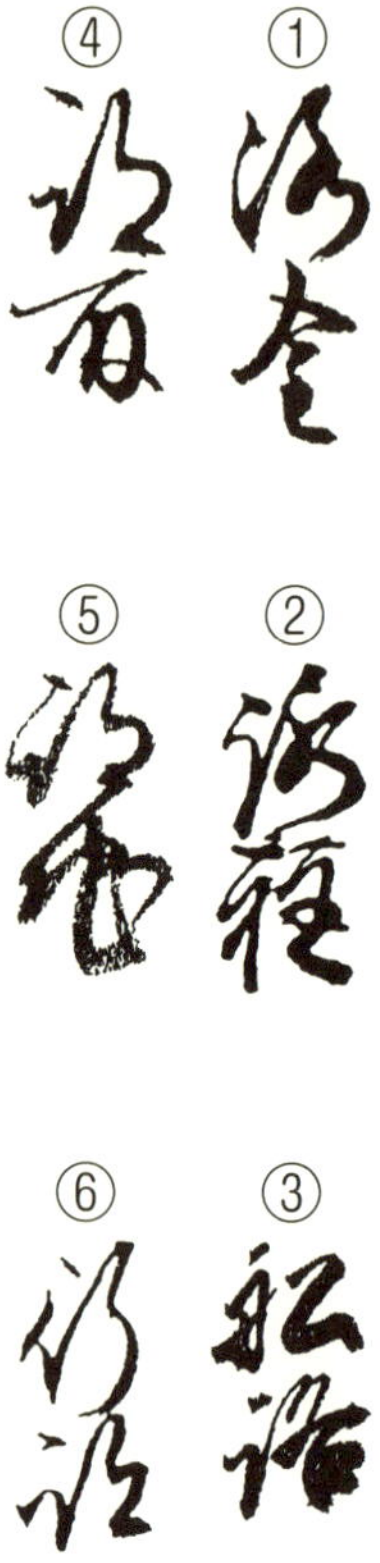

①路金（ろきん）　②路程（ろてい）　③船路（せんろ・ふなじ）
④跡取（あととり）　⑤跡地（あとち）　⑥行跡（ぎょうせき）

「路」と「跡」がだいぶ身近になってきたのではないでしょうか。
「あしへん」の字で文書中に出てくる字は、「ごんべん」ほど多くはありません。「路」「跡」のほかに、「踏」「踊」「距」を見るぐらいでしょうか。

ですからのような「へん」を見たら、次のようにいきましょう。

Ⅰ、まずは「ごんべん」の字ではないかと考える。

↓

Ⅱ、当てはまる字がないとなったら、〝「あしへん」かな〟と疑ってみる。

いつも通り、全体の字形や、前後の文意文脈などから総合判断してください。

さて、「あしへん」には、この「ごんべん」に似たくずしのほかに、「正」に似たくずしもあります。左の一覧の中のです。「𧾷」の上の「口」の部分を直線にすると「正」になりますから、納得できますね。

【𧾷】「あしへん」

「跡方（あとかた）」

「路用（ろよう）」

これも頭に入れておくと、「あしへん」に強くなれます。

第四節　「しんにょう」と「えんにょう」

「しんにょう」の字もたくさんあります。しかも、文書の中で、ポイントとなる重要な語句として出てくることが多いです。「主要部首別くずし字索引」には、「しんにょう」のくずしの例として、次のものが挙げられています。

【辶】

左上から右下にまわりこんでいく曲線が「しんにょう」の特徴で、網を掛けた二つの形が、文書の中でよく見られます。筆運びによっては、一番下のように横一直線のようにも書かれます。こんなに長い線ではなく、筆を横向きにちょっと止めただけ、という「しんにょう」もあります。

？かくれんぼ！　見つけよう！　**練習問題18**

左の①から⑳に〝「しんにょう」らしき字〟を含むくずし字を集めました。どの字が

「しんにょう」の字か探してください。

では、「しんにょう」の字に網を掛けてみます。

どうだったでしょうか。思った通りでしたか。
⑦⑧⑬⑭には、「しんにょう」の字はありません。

ではまず、「しんにょう」を含んだ番号の読みだけを載せます。

①から④近辺（きんぺん、②から④の「辺」は「邊」がくずれています）⑤・⑥早速（さっそく）
⑨・⑩連々（れんれん）⑪・⑫進上（しんじょう）⑮・⑯通達（つうたつ）
⑰遂ニ吟味ー（ぎんみをとげ）⑱遂ニ検分ー（けんぶんをとげ）⑲・⑳相違（そうい）

改めて、それぞれの「しんにょう」に注目してみましょう。同じ「近辺」の「近」でも、①のに比べて④の「近」は、ずいぶんくずれていますが、実はこの「近」がもっともよく出てくる形です。

「近来（きんらい）」「近在（きんざい）」「近所（きんじょ）」「近年（きんねん）」「近日（きんじつ）」と書かれています。どれにも〝ぐっとまわりこんだ〟「しんにょう」が見られます。

⑨のの二文字目のは、漢字の繰り返しを表す「々」です。⑩のにもあります。⑩のは、いいくずしですね。「しんにょう」に乗っている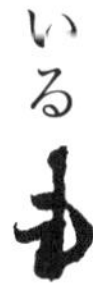は「車」のくずしで、「くるまへん」の文字の時にも使われています。

⑪は、〝上の字も下の字も「しんにょう」だ〟と思われたのではないでしょうか。上の字は「進」で、確かに「しんにょう」なのですが、下のは違うのです。これは、何と「上」のくずしです。「上」にはこのようなくずしもあります。

⑲⑳のとは、私たちが書く「違」ではなく、「麦」のようなくずしに「しんにょう」が書かれています。〝**プラスαを楽しもう②異体字**〟（52ページ）でお話した、江戸時代によく書かれていた異体字ですね。

さて、問題は⑦⑧⑬⑭ですね。もう一度見てみましょう。

⑦

⑧

⑬

⑭

⑦のは、〝「しんにょう」らしきもの〟の上に「回」が乗っています。下の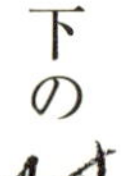「村」から思い描いてみても「廻村（かいそん）」と考えられます。

つまりは「えんにょう」の「廻」でした。

⑧のも、「えんにょう」がずいぶん小さくなってしまっていますが、下のが「状」ですので「廻状（かいじょう）」です。

⑬・⑭のとは、まるで「しんにょう」に見えますね。「しんにょう」に「正」が乗っているようです。しかし、その下に書かれたとは、両方とも「引」ですので、「延引（えんいん）」と読んだ方がいいでしょう。この字も「えんにょう」でした。

【廴】「えんにょう」

【辶】「しんにょう」

似ていますね。これでは「にょう」の部分だけでは判断できません。全体の字形や、その前後の文意を読み取って判断することになります。そうすると、きっと〝ああ、そうか〟という納得のいく読み方ができます。

「しんにょう」の字に比べると、「えんにょう」の字は、あまり頻繁に出てきませんが、ここで見た「延」と「廻」には重要な表現があります。それ以外の「えんにょう」の字には、「建」や「廷」などがあります。圧倒的に多いのは「しんにょう」の字です。

では、「しんにょう」の字に慣れるために、もう少し読んでおきましょう。

? かくれんぼ！ 見つけよう！

練習問題19

左の①から⑩を、「しんにょう」の字に注目して、指でなぞりながら読んでみてください。「えんにょう」の字もちょっと混ぜてありますよ。

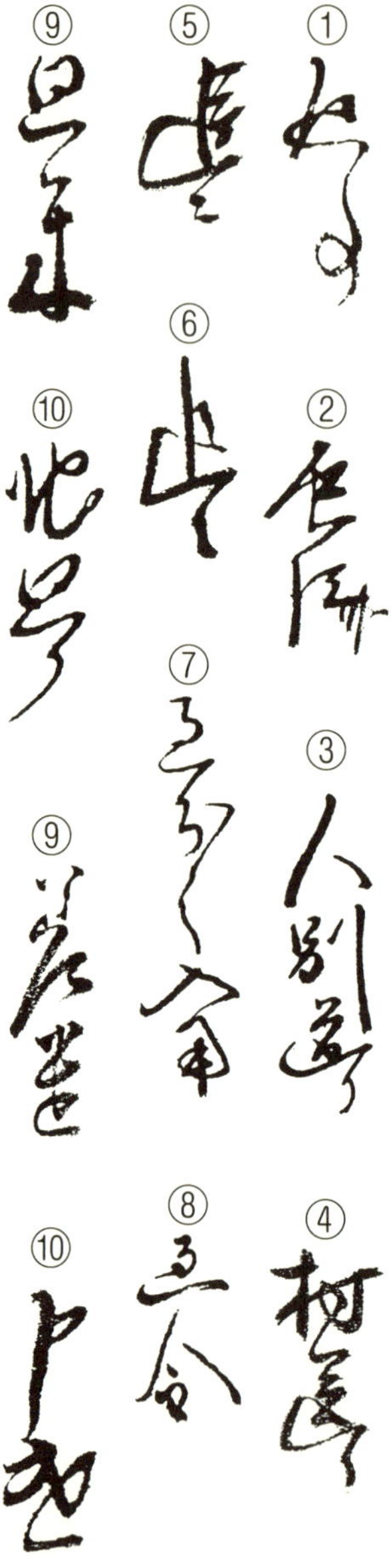

①返事（へんじ） ②返済（へんさい） ③人別送り（にんべつおくり） ④村送り（むらおくり）
⑤・⑥追々（おいおい） ⑦過分之入用（かぶんのにゅうよう） ⑧過金（かきん）
⑨廻米（かいまい） ⑩地廻り（じまわり） ⑨差遣（さしつかわす） ⑩申遣（もうしつかわす）

たとえば〝⑦⑧の「過」は、ひらがなの「る」が「しんにょう」に乗っているようだ〟などと、個々の字の見わけかたを自分で見つけていくのも楽しみです。「私には、こう見える」「こう特徴づけたら覚えやすい」という、自分の見え方に基づく〝自分流の工夫〟が、くずし字を見わける武器になります。

そして、これまでお話ししてきたように、その一文字だけでなく、前後の文字、文書の文意文脈に沿ってその字を読むことが大切です。いくら字典に載っている字に似ていたり、あるいは自分が今まで読んできた字に似ていても、そう読んだのでは意味が通じないのであれば、それは適切な読み方とは言えません。ほかの字の可能性を考えるべきです。

「しんにょう」と「えんにょう」の関係は、「ごんべん」と「あしへん」の関係（71ページ）と同じですね。まず、「しんにょう」の字を考えてみる。それで、しっくりこなかったら、〝「えんにょう」かもしれない〟と思って「えんにょう」の字を思い浮かべてみる。こうしながら、読める字を増やしていきましょう。

第五節　「りっしんべん」と「はばへん」

本節では「りっしんべん」を取り上げます。

【忄】 

こんな形になっていれば「りっしんべん」です。早速「りっしんべん」を見つけましょう。

練習問題20

? かくれんぼ！　見つけよう！

次の①から⑯のくずし字の中から、「りっしんべん」の字を探してください。例によって、「りっしんべん」以外のものも、ほんの少し入れてあります。

①

②

③

④

⑤

⑥

⑦

⑧

では、「りっしんべん」の字に、網を掛けます。

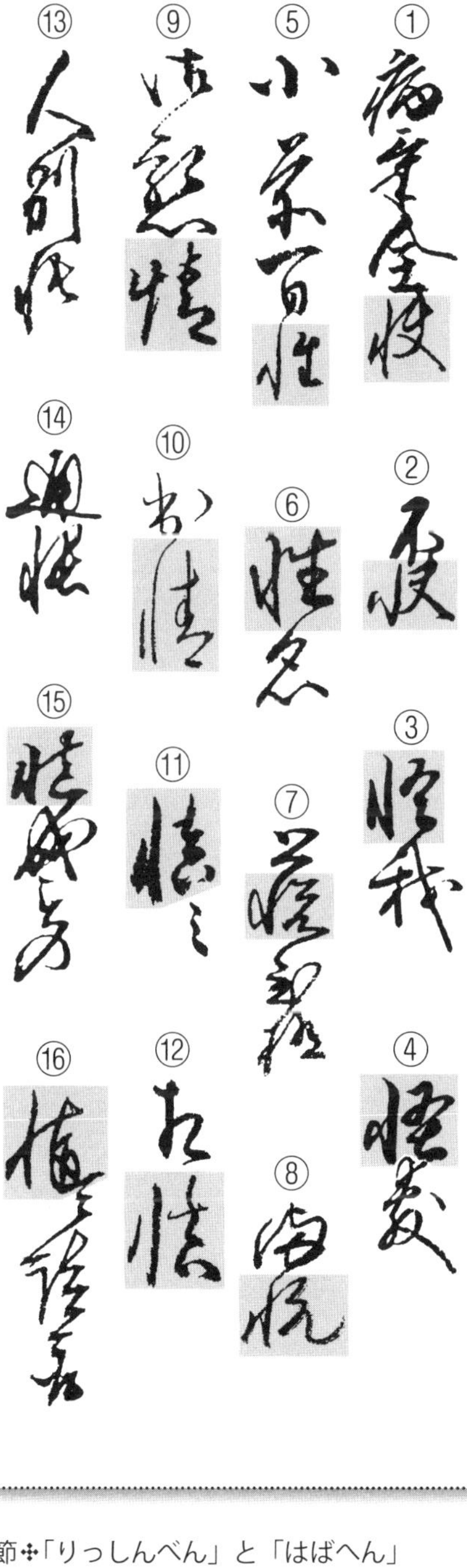

右の⑬⑭には「りっしんべん」の字はありません。

⑬のと⑭のは、同じ字ですね。右側のとは「長」のくずしです。そして、上に書かれたのが「人別」「通」ですのでとは「帳」かな、と推測できます。は「巾」でした。

⑬ 

「人別帳（にんべつちょう）」

⑭ 

「通帳（かよいちょう）」

【忄】 

【巾】 

なるほど、そっくりですね。見るからに「りっしんべん」の時でも、この「巾」の時があります。「巾」が左側に書かれる「はばへん」の字は、「帳」のほかに「帆」「帖」「幅」「幡」などが、文書の種類によっては見られます。

さて、次は何と書かれているでしょうか。

は、「りっしんべん」でも「はばへん」でもありません。

右下の「寸」からも、字形全体からも想像がつくでしょうか。

そうですね。は「将」です。「将亦」で何と読むのでしょうか。「将亦（はたまた）」です。「将」は「大将（たいしょう）」「将監（しょうげん）」「将ニ（まさに）」「将又・将亦（はたまた）」などと出てきます。

は「状」です。「請状（うけじょう）」と書かれてあります。「状」も「訴状（そじょう）」「廻状（かいじょう）」など、よく使われる字です。

「将」「状」のくずしにも、このように「りっしんべん」のくずしに似たものがあることを、頭に入れておいてください。

しかし、いずれにしても、この形で圧倒的によく出てくるのは「りっしんべん」です。

では、その肝心の「りっしんべん」の字の読みです。照らし合わせて見てください。

①病気全快（びょうきぜんかい）②不快（ふかい）③怪我（けが）④怪敷（あやしく）
⑤小前百性（こまえびゃくしょう）⑥性名（せいめい）⑦恐悦至極（きょうえつしごく）
⑧満悦（まんえつ）⑨御懇情（ごこんじょう）⑩出情（しゅっせい）⑪慎ミ（つつしみ）
⑫相慎（あいつつしみ）⑮慥成もの（たしかなるもの）⑯慥ニ請取（たしかにうけとり）

どうでしたか。〝なるほど、こんな感じか〟と、だいぶつかめていらしたのではないでしょうか。

⑤「小前百姓（こまえびゃくしょう）」は、「小前」とか「小百姓」ともいわれます。「大前百姓（おおまえびゃくしょう＝村役人層などの規模の大きな百姓）」に対しての言葉で、時期や地域によってどの段階までを指すかは違いますが、だいたい「水呑（みずのみ）」も含めて中下層の一般農民全体をいう場合が多いです。「ひゃくしょう」は、文書では「百性」とも「百姓」とも書かれます。

⑩「出情（しゅっせい）」は、精を出すことですので、本当は「出精」なのですが、文書では「こめへん」の「精」ではなく、このように「りっしんべん」の「情」で書かれることが多いです。ほかにも、少し「りっしんべん」の例を見ておきましょう。

「乍レ憚（はばかりながら）」……「乍レ恐（おそれながら）」とほぼ同じ意味で使われます。

「御憐愍（ごれんびん）」………御温情を掛けてもらいたい、などという時によく出てきます。

色々な「りっしんべん」の字と仲よくなって、読みこなしていってください。

第六節　「したごころ」と「れんが」

漢字の下の部分に「心」が書かれている「したごころ」。左のくずしは、この「心」がきちんと書かれているので、比較的読みやすいと思います。

そうですね。「急度（きっと）」と書かれています。私たちが普段使うように、「必ず、間違いなく」という意味とともに、「厳しく」という意味でも使われます。ここでの「したごころ」は、左の一番上のくずしに似ていますね。

【心】

ところが、だんだんくずれてくると、「心」なのか何なのか、見わけがつかなくなっていきます。ということで、練習してみましょう。

? かくれんぼ！ 見つけよう！ 練習問題21

左の①から⑯の中にある「したごころ」の字を探してみてください。

では、次のページに、「したごころ」の字に網を掛けます。

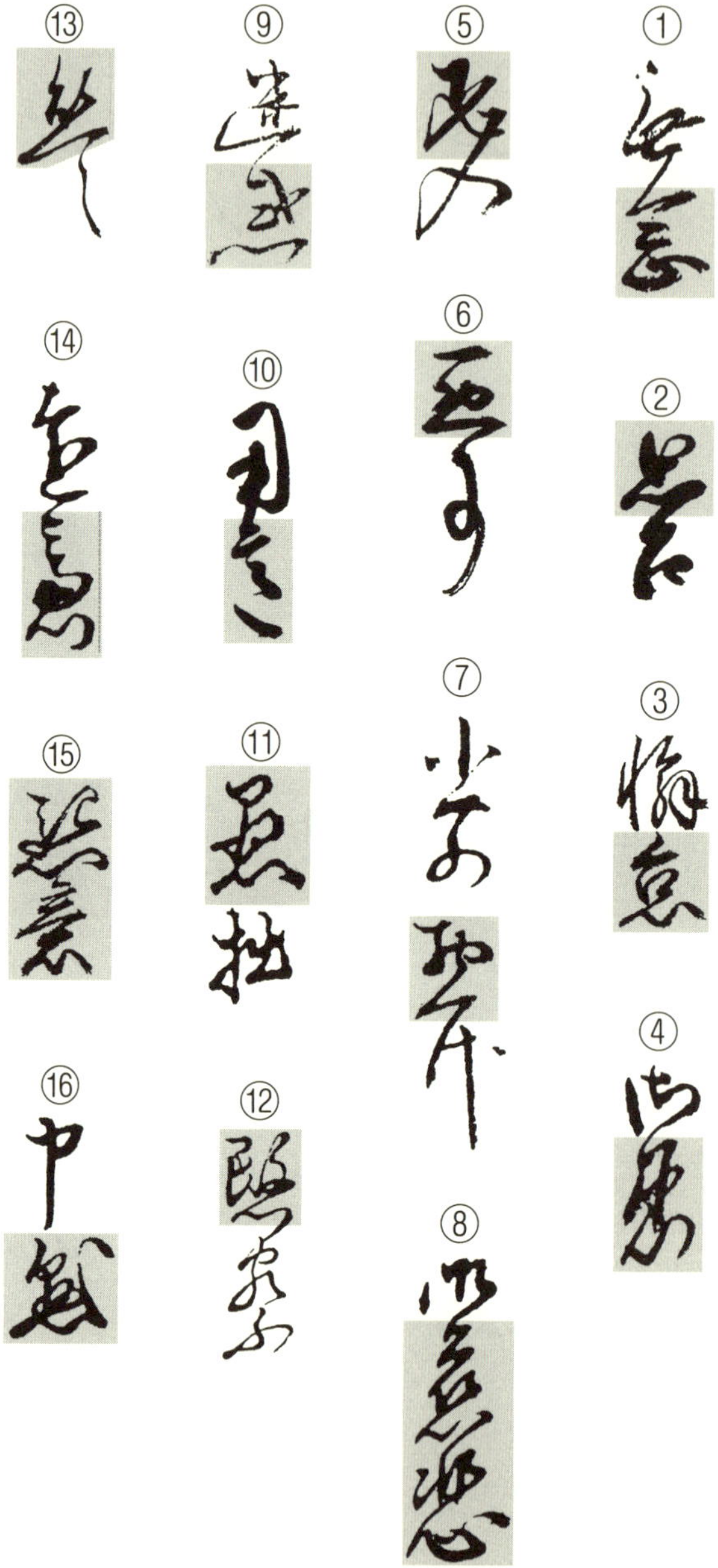

①から⑯のすべてに「したごころ」の字が入っています。ここには、「したごころ」に似た紛らわしいものは入れていません。

読みは、左の通りです。その字を知らなければ読めないくずしもあると思いますが、〝これが「したごころ」か〟〝こんな字か〟と、照らし合わせてみてください。

①無念（むねん）　②思召（おぼしめし）　③懈怠（けたい）　④御恩（ごおん）
⑤恐入（おそれいり）　⑥悪事（あくじ）　⑦小前惣代（こまえそうだい）　⑧御慈悲（ごじひ）
⑨迷惑（めいわく）　⑩用意（ようい）　⑪愚拙（ぐせつ）　⑫愍察（びんさつ）
⑬態々（わざわざ）　⑭遠慮（えんりょ）　⑮懇意（こんい）　⑯申懸（もうしかけ）

③「懈怠（けたい）」は、なまけること、おこたることです。「無二懈怠一（けたいなく）」という表現もよく出てきます。

⑦「小前惣代（こまえそうだい）」。私たちは「総代」と書きますね。古文書では、現在は「総」と書くところで、この「惣」がよく出てきます。

⑪「愚拙（ぐせつ）」は、自分のことをへりくだって言う表現ですね。

⑬「態々」は、読み方が難しいですね。「わざわざ」です。

①から⑯のそれぞれの「したごころ」を、左とも照らし合わせてみてください。

【心】

そして、〝どれにも当てはまらないと思ったら、書き加える〟でしたね。

さて、ここから改めて「したごころ」と似ている部首を見てみましょう。

A

B

右の網を掛けた字は、何と読めますか。

Aは、下のは「ごんべん」の字で「談」ですね。上の字も比較的きれいに書かれていて「熟」。「したごころ」のように見えたのは「れんが」でした。「熟談（じゅくだん）」です。

Bのも「熟」ですからで「作物不熟（さくもつふじゅく）」。

【灬】

【心】

右で網を掛けた「れんが」が「したごころ」と似ているのですね。もちろん、一直線になってしまった場合も、それだけではどちらか見わけがつきません。字形全体を見る、前後の文意を考える、文脈で読む、ですね。

「孰」の部分が読めれば、〝「孰」に「心」は見たことがない、「灬」なら「熟」で「熟談」として意味も通じる。なるほど「灬」もこうくずれるのか〟と、くずし字から教えてもらうことができます。

さらに「一直線になってしまう」のところでピンと来たかもしれませんが、「したごころ」の字を〝「しんにょう」かな〟と思ってしまうこともあります。

⑯

これは、先ほどの「申懸（もうしかけ）」でしたね。では、次はどうでしょう。

両方とも「相懸（あいかけ）」です。

両方とも「被レ懸（かけられ）」です。

網掛けの方は、「したごころ」でいいとしても、□で囲んだ方は、どう見ても「しんにょう」のように見えると思います。しかし、でも「懸」なのです。初めて見た時には、とても読めないと思います。

しかし、こういう字も、たとえば「御心配相懸（ごしんぱい、あいかけ）」「被ㇾ懸二御心一（おこころにかけられ）」といった文章の中で読めていくと、〝ああ、「懸」にもこういうくずしがあるのか〟〝これが「したごころ」か〟と、体得していくことになります。

本章の〝似ている部首〟、どうだったでしょうか。

●部首は、くずし字を見わける上で、強力な手がかりになる。
●しかし、そればかりに頼っていると、落とし穴がある。
●思い込まないで、その字全体をよく見る。真似して書いてみる。
●もちろん、前後の字や文意、文書全体の文脈から判断する。
●その場合、この部首とこの部首は似ている、こういう可能性もある、ということを知っているのと知らないのでは大きく違う。
●知っていると、考えられる範囲、想像できる範囲が大きく広がる。

こんなことをお話しながら、実例を挙げ、たくさんの？かくれんぼ！見つけよう！練習問題で実践してみました。

何でもそうでしょうが、今までと違う見方をすることによって、それまで気づかなかったものが見えてきます。

立ったり座ったり、斜めから見たりしてください。目をぐっと近づけてその文字をじっと見たあとは、目を文書から離してゆったり全体の流れを追ってください。しばらく時間を置いてから、新鮮な眼で見るのもいいですね。色々なことをしてみてください。きっと、くずし字は、古文書は、今までと違った姿を見せてくれます。

これからも、出会った古文書の中で、体験を積み重ねていってください。

きっと、「これとこれは似ている。でも、ここで見わけられる」「この部首はこんなふうに面白い」などと、自分なりの発見があり、わくわくするのではないでしょうか。

では、本書は次章に進むことにします。

次章では、ひとつの文字からどのように〝くずし字の財産〟を増やしていくことができるか、頭の中に〝くずし字の相関図〟を描いていってみましょう。

▼▼▼プラスαを楽しもう③▲▲▲ 「かねへん」「おおがい」

第三章では、たくさんの部首を見ましたね。
もう、頭がいっぱいかもしれません。だいじょうぶですか。
しかし、ここでもうひとがんばり。古文書によく出てきて、しかも特徴的な部首、「かねへん」を是非とも見ておいてください。

【金】  「かねへん」

特に、網を掛けた〃くるっと巻いた「かねへん」〃に注目。「かねへん」さえ見わけられれば、「金」「銀」「銭」はもちろん、「鉄」や「銘」、そして「鋪」も識別可能です。ちょっと読んでみましょう。

「金銀（きんぎん）」

「鉄炮（てっぽう）」

「米銭（べいせん）」

「銘々（めいめい）」

「宜鋪（よろしく）」

「かねへん」は 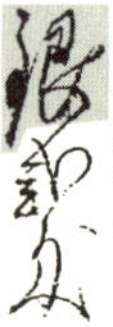 「銀弐匁（ぎんにもんめ）」  「銭壱文（ぜにいちもん）」など〃お金〃に関するものが多いですが、必ずしもそうとは限りません。色々な「かねへん」の字があります。「宜鋪」の「鋪」は「敷」と同じ使われ方をします。

上は、「カタカナ」を勉強した第一章第一節（17ページ）で見た「六ケ敷（むつかしく）」です。
下は「六ケ鋪（むつかしく）」。「敷」でも「鋪」でも、読み方も意味も同じです。
次は「おおがい」。これにも重要な文字が多いのです。

【頁】  **「おおがい」**

網を掛けた〝三が右下に流れていくような「おおがい」〟に注目です。第二章第一節の**練習問題6**（33ページ）の、左右に分かれている漢字「頃」も、「おおがい」の字でした。そのほかにもたくさんある大切な「おおがい」の字の中で、まず次の三つを見ておきましょう。

いずれも**「預リ**（あずかり）」

いずれも**「領分**（りょうぶん）」

いずれも**「頼入**（たのみいり）」

こんな感じにくずれます。
「地頭（じとう）」「順達（じゅんたつ）」「頂戴（ちょうだい）」「露顕（ろけん）」「親類（しんるい）」「願之通（ねがいのとおり）」など、古文書は「おおがい」の宝庫です。たくさん探してみてください。

第四章 ❖ ひとつの漢字から広げよう

第一節　「貧」の仲間は？……「分」パターン

左のくずし字は何でしょう。

これだけでは、判断できない？　では、これではどうでしょうか。

そうですね。「貧窮（ひんきゅう）」です。は「貧」でした。

「貧」は、部首で言うと「かいへん」です。下の部分が「貝」ですね。しかし、むしろ上の部分の方が目立ちますし、特徴があります。

これが、「分」のくずしというわけです。文書を読んでいると、このくずしが、けっこう色々な字に出てきます。そして、その「分」がヒントになって、そのくずし字が何であるか

もわかります。では、「分」を手がかりに、「貧」から字を広げていってみましょう。

練習問題22

? かくれんぼ！ 見つけよう！

左の①から⑩までの中にある「分」のくずしを探してください。また、それぞれ何と書かれているのでしょうか。

① 

② 

③ 

④ 

⑤ 

⑥ 

⑦ 

⑧ 

⑨ 

⑩ 

どうですか。①から⑩のどれもに、確かに「分」がありましたね。前後の字と合わせて考えながら、「分」を含んだ字が何か、そしてどんな熟語が書かれているのか思い当たりましたか。では、「分」に網を掛け、読みを載せます。

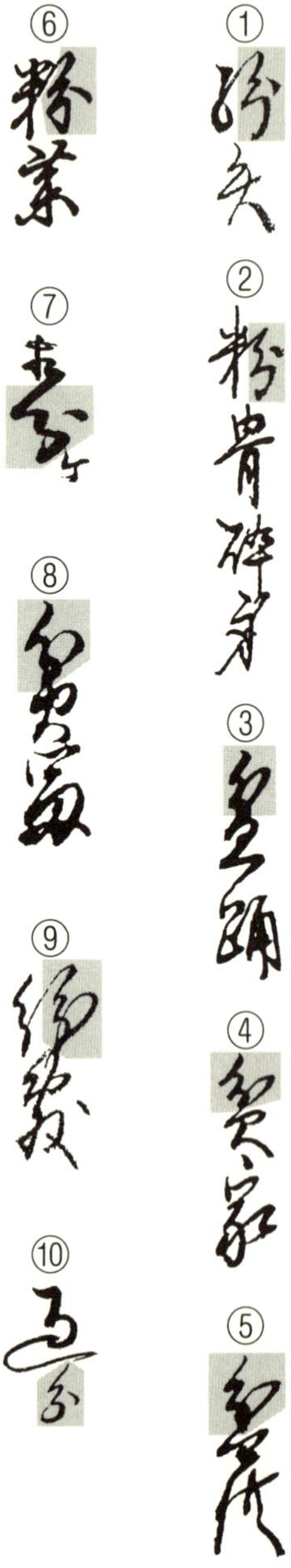

紛失（ふんしつ）②**粉**骨砕身（ふんこつさいしん）③**盆**踊（ぼんおどり）④**貧**家（ひんか）
⑤**盆**供（ぼんぞなえ）⑥**粉**薬（こなぐすり）⑦相**分**ケ（あいわけ）⑧**貧**富（ひんぷ）
⑨**紛**敷（まぎらわしき）⑩過**分**（かぶん）

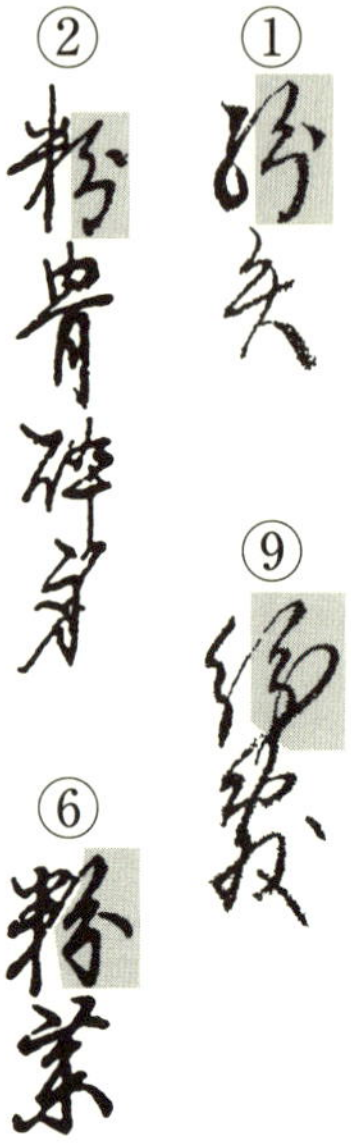

「紛」……「いとへん」
「粉」……「こめへん」

③

⑤

「盆」……「さら」

④

⑧

「貧」……「かいへん」

⑦

⑩

「分」……「かたな（りっとう）」

文字ごとにまとめると、右のように整理することができます。

それぞれの部首は、下に書いたものですが、むしろそれよりも「分」のくずしの方が印象的に目に飛び込んでくると思います。くずし字を見わける重要な手がかりのひとつになりますね。

ここで見た十個の「分」を目に焼き付けておいてください。そして、〝ここにも「分」があった〟と、文書の中から意識して「分」を見つけてみてください。〝「分」つながり〟で広がっていく色々な字や表現を読めるようになっていきます。

第二節 「請」の仲間は？……「青」パターン

目印になる手がかり、その二にいきましょう。左のくずし字は第三章に載せたものです。

そうですね。「御懇情（ごこんじょう）」「出情（しゅっせい）」でした。「りっしんべん」の所で「情」を見たのでしたね（83ページ）。今度は、「りっしんべん」ではない方に注目してください。

これが「青」のくずしというわけです。本節では、この「青」の仲間を見ていきます。

？かくれんぼ！　見つけよう！……練習問題23

左の①から⑩までの中にある「青」のくずしを探してください。また、それぞれ何と書かれているのでしょうか。

では、「青」に網を掛けます。多少のくずし方の違いも含めて、〝「青」のくずしはこんな感じか〟と見て取れたでしょうか。

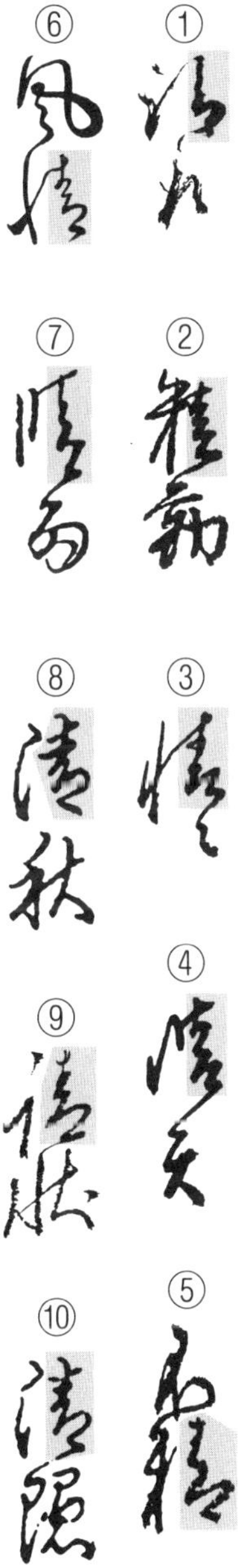

①**請**取（うけとり）　②**精**勤（せいきん）　③**情**々（せいぜい）　④**晴**天（せいてん）
⑤不**精**（ぶしょう）　⑥風**情**（ふぜい）　⑦**晴**雨（せいう）　⑧**清**秋（せいしゅう）
⑨**請**状（うけじょう）　⑩**清**隠（せいいん）

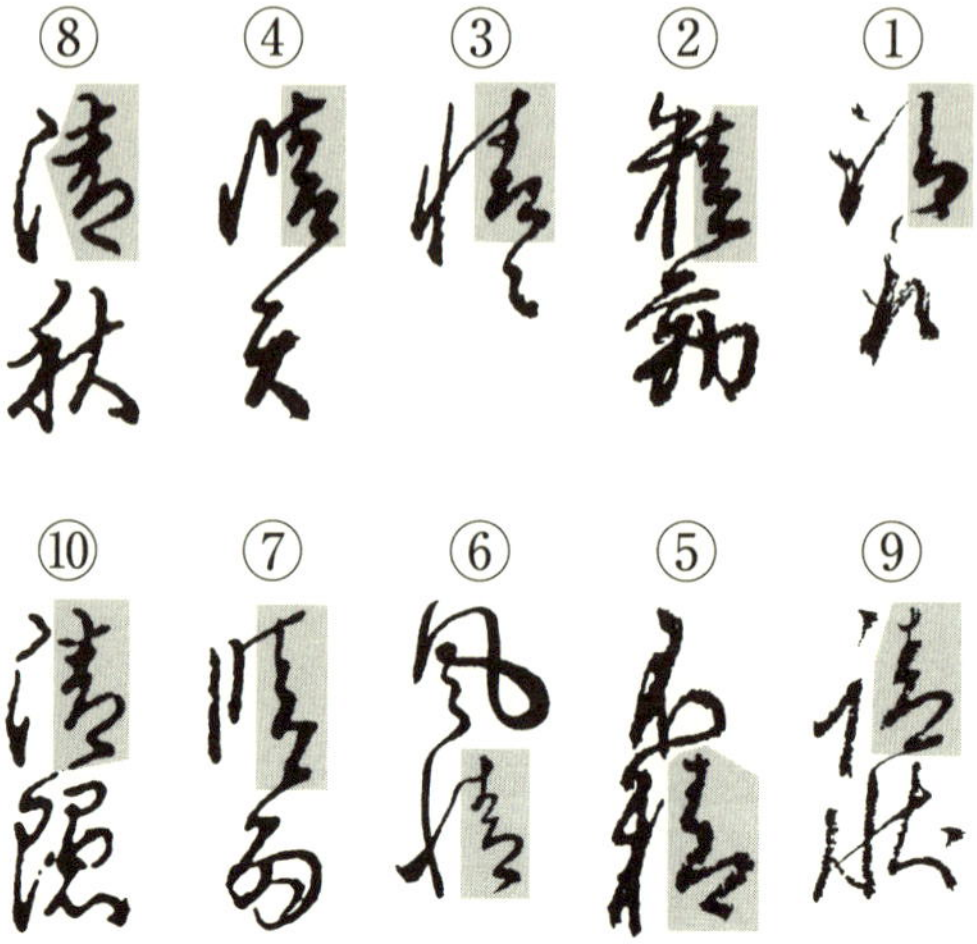

「請」……「ごんべん」
「精」……「こめへん」
「情」……「りっしんべん」
「晴」……「ひへん」
「清」……「さんずい」

文字ごとに整理すると、右のようになります。

部首はいずれも下に書いたもので、「青」でこれらの字が引けるわけではありません。

しかし、前節の「分」がそうであったように、本節の「青」も特徴的なくずしですので、見わけのポイントになります。しかも、「青」を持つ「請」「精」「情」といった文字は、文書で重要な意味を持つ熟語に使われます。「へん」が、ちょっとぐらい変なくずしで書かれていても、虫が食っていても、「青」で見わけて、前後の文脈から読んでしまいましょう。

そうすると、たまにしか出てこない次のような字も読めてしまいます。

「さかなへん」に「青」だから、そう、「鯖（さば）」ですね。「さば」の正字は「鯖」ですが、「鯖」でも書かれます。
文書の中の「青」に注目するのも、面白いですよ。〝ここにも「青」があった〟と見つけてください。

第三節　「庄」の仲間は？……「土」パターン

左のくずし字は何でしょう。

次のように文書に出てきます

「庄（しょう）」ですね。「庄屋（しょうや）」「庄屋年寄連印（しょうや・としより、れんいん）」と書かれています。江戸時代の文書の中に、よく出てくる文字です。

「庄」は「まだれ」の字ですが、その中に入っている「土」が、本節のテーマです。

練習問題24

？かくれんぼ！ 見つけよう！

左の①から⑭までの中に隠れている「土」を探してください。また、それぞれ何と書かれているのでしょうか。

ずいぶん色々な字の中に「土」が見えましたね。「庄」を含めて「土」を持つ字を七つ載せましたが、見わけられましたか。

「土」の部分に網を掛けてみます。

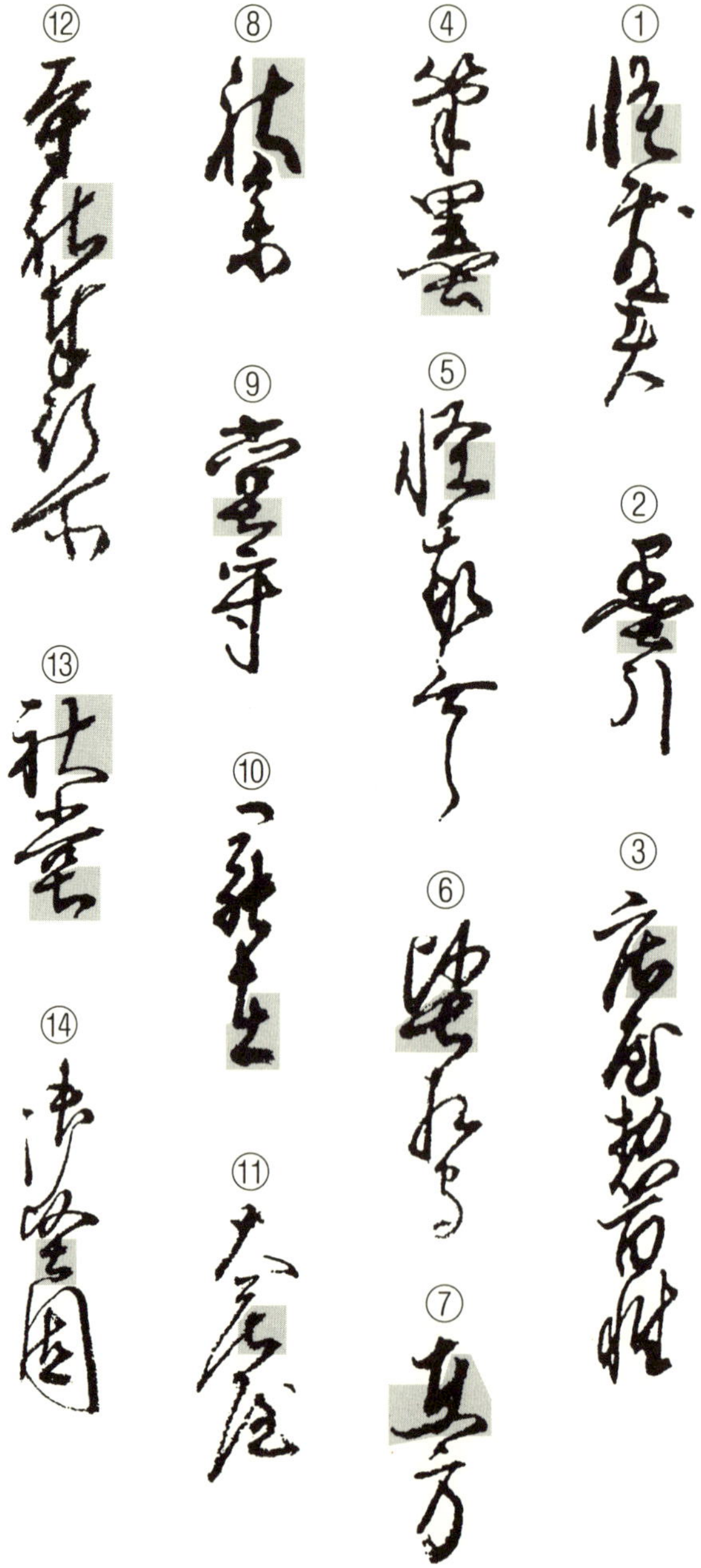

では、読みを載せます。少し難しい字もありますが、見当がついたでしょうか。

①**怪**敷者（あやしきもの）　②**墨**引（すみひき）　③**庄**屋惣百性（しょうや、そうびゃくしょう）
④筆**墨**（ひつぼく）　⑤**怪**我無レ之（けが、これなく）　⑥**堅**相守（かたく、あいまもり）　⑦**在**方（ざいかた）
⑧**社**参（しゃさん）　⑨**堂**守（どうもり）　⑩罷**在**（まかりあり）　⑪大**庄**屋（おおじょうや）
⑫寺**社**奉行所（じしゃぶぎょうしょ）　⑬**社堂**（やしろどう）　⑭御**堅**固（ごけんご）

文字ごとに整理してみましょう。

①

⑤

「怪」……「りっしんべん」

②

④

「墨」……「つちへん」

③

⑪

「庄」……「まだれ」

⑥

⑭

「堅」……「つちへん」

⑦

⑩

「在」……「つちへん」

⑧

⑫

⑬

「社」……「しめすへん」

⑨

⑬

「堂」……「つちへん」

七文字のうち、「墨」「堅」「在」「堂」の四文字は「つちへん」の字でした。「つちへん」の多くは、「土」が左側の部分に書かれています。その場合の「つちへん」のくずれ方は次のようになります。

【土】

たとえば、「地」は、次のようにくずれます。

【地】

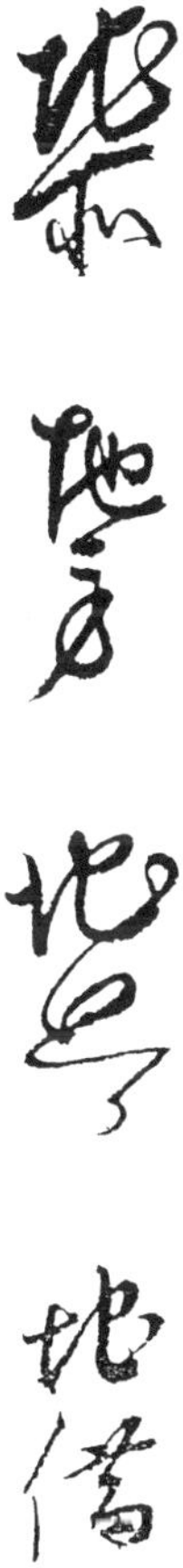

「地所（じしょ）」「地方（じかた）」「地廻リ（じまわり）」「地借（じがり）」と書かれてあります。

左側に書かれる「つちへん」のくずしが、わかりましたね。

しかし、？**かくれんぼ！　見つけよう！**　練習問題24で見た「墨」「堅」「在」「堂」は、同じ「つちへん」でも、下に書かれる「土」です。左に書かれる「土」と違って、下の横棒がしっかり横に伸びていますね。

【墨】

【堅】

【在】

【堂】

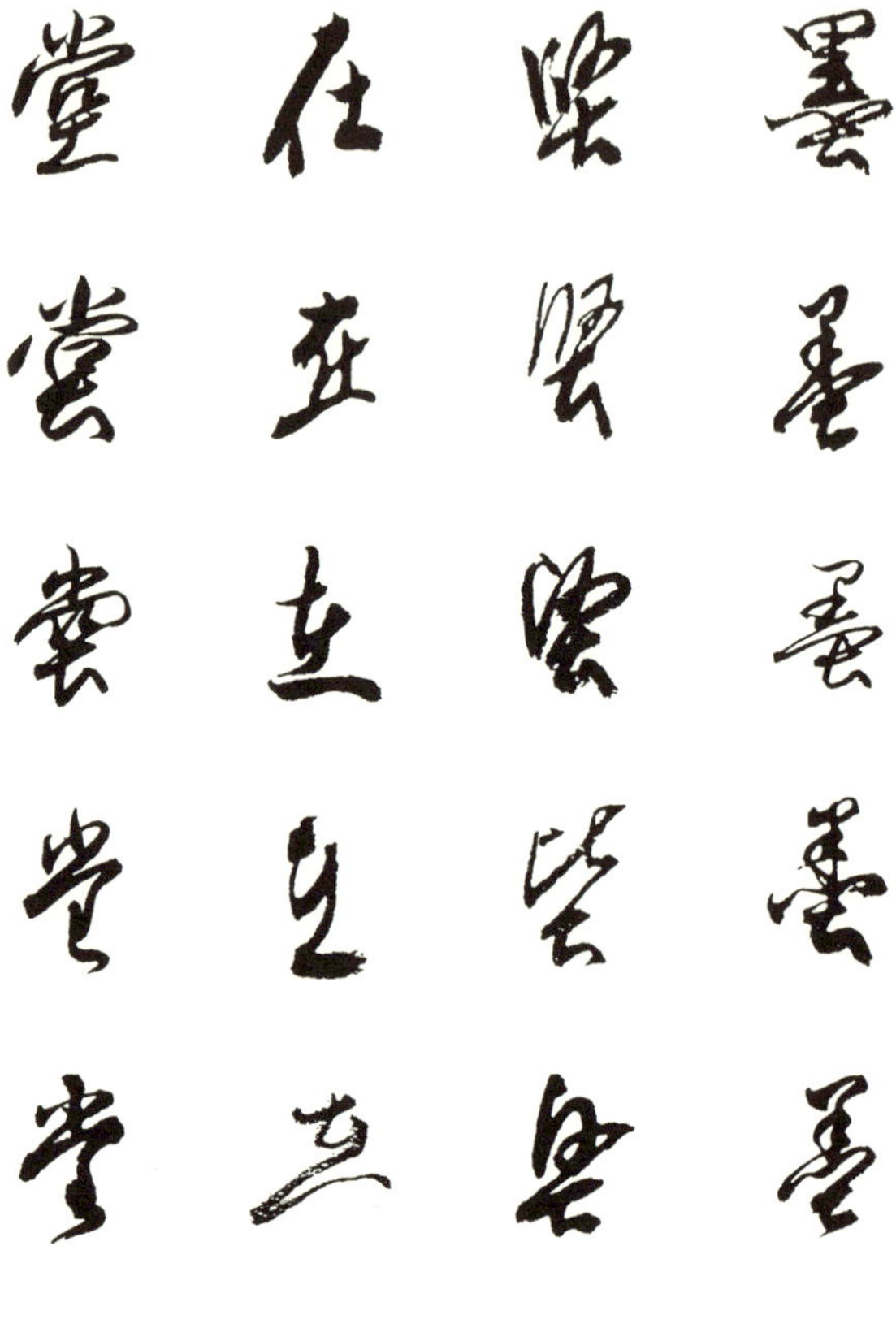

右のくずし字を見ても、「土」の下の横棒がしっかり書かれていたり、さらに右下に向かって筆先がぐっと下りて「カタカナ」の「ム」のようになっていたりします。たとえば、「堅」の上の部分がかなりくずれていて何が書いてあるかわからない時でも、下の「土」が

読めれば、前後の文字や文脈から「堅」と判断できる場合がよくあります。

同様なことは「りっしんべん」の「怪」、「まだれ」の「庄」、「しめすへん」の「社」など、「つちへん」ではない字の中の「土」でも有効です。

【怪】

【庄】

【社】

〝文書の中から「土」が浮かび上がって見える〟、そんな風になったら、かなりのくずし字が読めていて、文書の内容もしっかり理解している、と言えるかもしれません。

第四節　「誠」の仲間は？……「成」パターン

左は、何と書かれているのでしょうか。

の部分が「ごんべん」のようですね（67ページ）。「ごんべん」に「成」と読めますので「誠」。それに小さな「カタカナ」「ニ」（13ページ）がついていますので、「誠ニ（まことに）」です。

では、左は何でしょう。

これも「誠ニ（まことに）」なのです。

とが同じ字だとは、初めはとても信じられないかもしれませんが、どちらも「誠」なのです。ということは、「つくり」の部分は両方とも「成」ということになります。

A

B

このA・B両方が「成」です。

練習問題25

？かくれんぼ！見つけよう！

「成」に注目して、次の①から⑥を読んでください。

①

②

③

④

⑤

⑥

①と②は「**成**行（なりゆき）」　③と④は「相**成**（あいなり）」　⑤と⑥は「被レ**成**（なされ）」

「成」のくずし方の二つのパターン、目に焼き付けましたか。指で何度もなぞっておいてください。①③⑤は横並びでAの形のくずしの「成」。②④⑥は横並びでB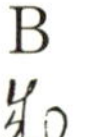の形のくずしですね。同じ読みでもこのように書かれることを、上下でも比べてみてください。

①と②の「行」で「ぎょうにんべん」の二つの書き方を確認できました（64ページ）。③と④の「相」は「てへん」のように見えますが「木」が書かれているのでしたね（59ページ）。

⑤と⑥のは「被」のくずしです。これは、部首で見当をつけることができない、まるごとそのまま覚えてしまいたい字ですので、第五章でお話します（148ページ）。

「成」に目が慣れてきたところで、左を見てみましょう。何と書かれているのでしょうか。

どちらも、下の方のくずしは「成」のBの形によく似ています。しかし、「以成」「入成」では意味が通じません。これは「来」です。「以来（いらい）」「入来（にゅうらい・じゅらい）」です。「成」のBの形と「来」は、とてもよく似ています。

【成】

【来】

前後の文意から、「成」なのか「来」なのかを判断するしかなさそうですね。

では、「誠」「成」「来」をもとにして、さらに〝漢字の財産〟を増やしていきましょう。

？かくれんぼ！ 見つけよう！ 練習問題26

次の①から⑫のくずし字の中にある「成」の部分を探してください。それはA  の形ですか、B  の形ですか。

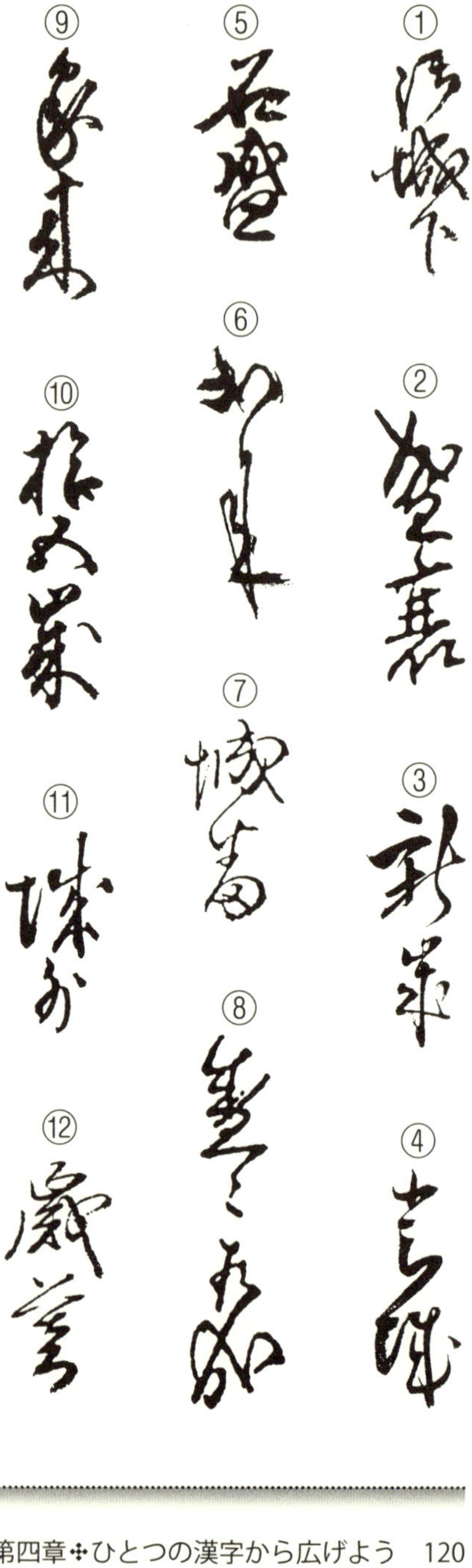

「成」と紛らわしいものを区別できましたか。では、「成」を含む字に網を掛けます。

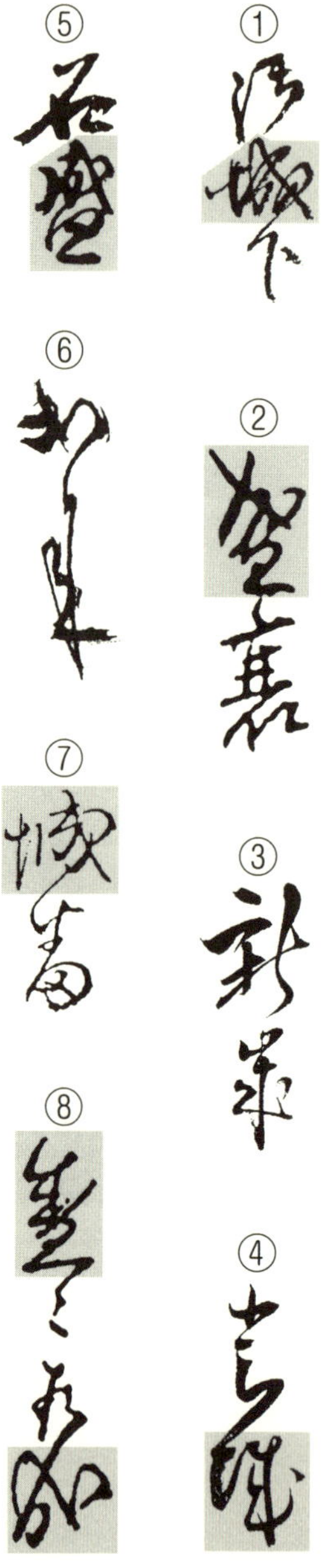

⑨

⑩

⑪

⑫

「来」以外にも、紛らわしいものがあったようです。漢字ごとに整理してみましょう。

まず、「成」が入っている字からです。

①
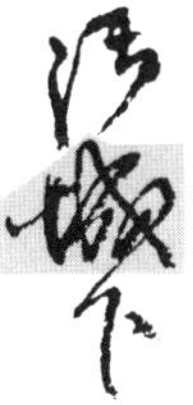
④

⑦
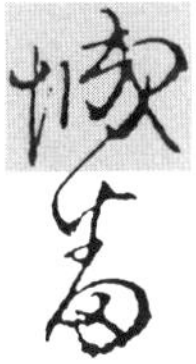
⑪

「つちへん」（113ページ）に「成」が書かれていますので、「城」ですね。

①御**城**下（ごじょうか）A　④登**城**（とじょう）B
⑦**城**番（じょうばん）A　⑪**城**外（じょうがい）B

②

⑤

⑧

「成」の下に「皿」で「盛」。この部首は「さら」の方ですが、「成」も目立ちますね。

②**盛**衰（せいすい）A　⑤石**盛**（こくもり）A　⑧**盛**ニ相**成**（さかんに、あいなり）B・A

⑧では「盛」Bと「成」A、両方の「成」の形が見られました。

さて、次は、「成」にそっくりで「成」ではないものです。

③

⑩

⑫

③の上の字は「新」。⑩は「拾五」。⑫のは「暮」。ということでは「歳」です。「止」の下に書かれているのは「戚」で「成」ではありませんが、こうやって活字にしてみても、「戚」と「成」は確かに似ていますので、くずし字が似ているのもうなずけます。特に、はBの形の「成」にそっくりです。

〝「成」に似ているけれど、「成」ではない。でも、似ていることが、なるほど！と納得できる〞というのも、大切な実感であり、重要な情報です。

このように、色々なくずし字を見ながら、経験によって知識を増やしていくのは楽しいですね。

③新歳（しんさい・しんねん）⑩拾五歳（じゅうごさい）⑫歳暮（せいぼ）

あとは、左の二つです。

⑥

⑨

これは、例の「来」ですね（119ページ）。

⑥出来（でき・しゅったい）　⑨家来（けらい）

「出来」には、二通りの読み方があります。何々が〝でき〟た、という時のほかに、〝しゅったい〟という読み方の方が適切な場合も多くあります。〝しゅったい〟とは、事件や事故などが起きること、騒動が持ち上がること、を言います。

「成」が読めるようになると、〝この字にも「成」があったのか〟と、くずし字を見て気づき、くずし字から教わる思いです。ここで見た「誠」「城」「盛」以外にも、文書を読みながら〝「成」つながりの字〟が見つかるといいですね。

また、〝あなたの目、あなたの感覚〟で、〝「成」と似て非なる文字〟を、「来」「歳」以外にも発見してください。

本節で、くずし字を見る発想がさらに広がると、うれしいです。

第五節　「銭」の仲間は？……「戔（戋）」パターン

左は、何と書かれているのでしょう。

上の字は「金」。下の字は「かねへん」に「戔（戋）」で「銭」。「金銭（きんせん）」です。〝**プラスαを楽しもう③**〟（96ページ）で「かねへん」を見ましたね。

本節では、「つくり」の部分「戔（戋）」がテーマです。

では「戔（戋）」を持つ字「銭」が、文書の中でどのように出てくるかを見てみましょう。

【銭】

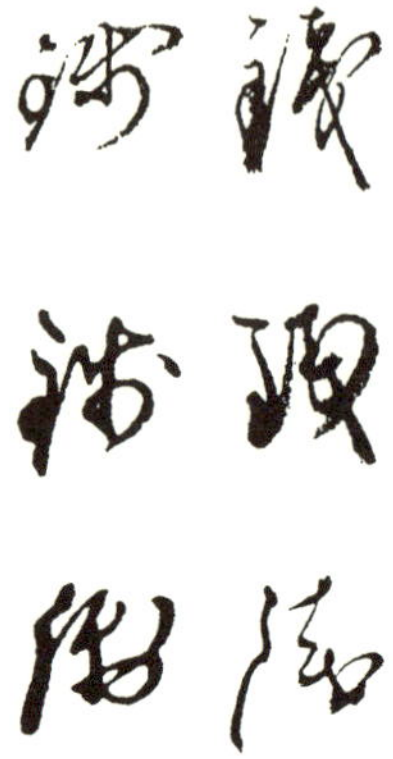

前節の「誠」の「成」と同様、「戔（戋）」には二通りのくずし方があることがわかりました。右列のくずしはわかりやすいですが、左列のくずし方はとても意外ですね。これを覚えておくと得です。

A

B

右の二通りを知っておく。特に、Bの形に注目ですね。

練習問題 27

? かくれんぼ！ 見つけよう！

「戔（戋）」に注目して、「銭」の熟語①から⑥を読んでください。

①

②

③

④

⑤ 

⑥ 

①と②は「**口銭**（こうせん）」
③「**借銭**（しゃくせん）」④「**過銭**（かせん）」
⑤と⑥は「**金銭**（きんせん）」

①③⑤（上段）がA、②④⑥（下段）がBの形の「戔（戋）」ですね。

口銭とは商売上の種々の手数料のことですが、それが領主側から課せられると付加税の意味を持ちます。借銭とは、借りた金銭のこと。過銭は、過失の償いとして出させる金銭のことですから、罰金のことです。

では、このA・Bの形を知っていると、どんな字が読めるでしょうか。

？かくれんぼ！ 見つけよう！ 練習問題28

次の①から⑧の中にある「戔（戋）」を探してください。何と書かれているのでしょうか。

たくさんの「戔（戋）」にお目にかかれましたね。いずれも上段がA、下段がBの形です。

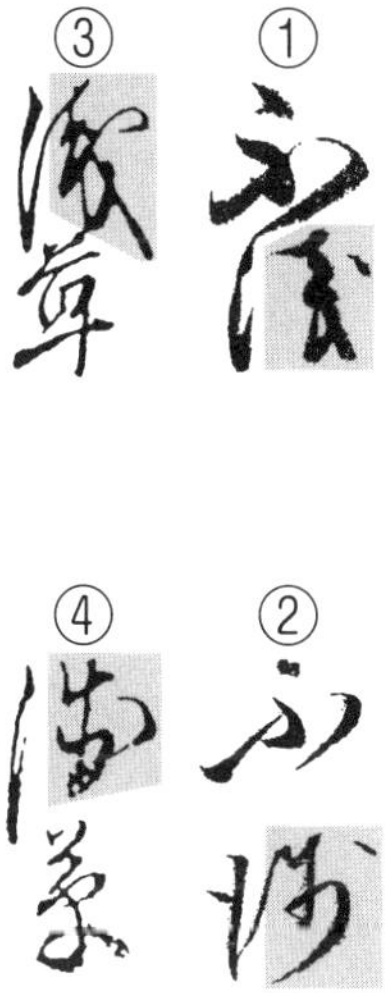

⑤

⑥

⑦

⑧

①から④は「浅」です。⑤から⑧は「残」です。

①と②は「不レ**浅**（あさからず）」　③と④は「**浅**草（あさくさ）」
⑤と⑥は「**残**金（ざんきん）」　⑦と⑧は「不レ**残**（のこらず）」

「銭」も「浅」も「残」も、色々な場面で文書によく出てくる字です。これから先   のどちらで書かれているかを、楽しみながら探してください。さらに、次のような字はどうでしょうか。

①

②

①も②も、下の字に「戔（戋）」があります。①がA、②がBの形ですね。

は「貝」（かいへん）のくずしです。

両方とも「賤」ということになります。

①のは「貴」ですので「貴賤（きせん）」、②のは「微」で「微賤（びせん）」です。微賤とは、身分や地位が低いことで、卑賤と同じような意味です。

「賤」は、「銭」「残」「浅」に比べると、あまり出てきませんが、出てきた時に「戔（戋）」が読めればしめたものです。「へん」や前後の文字から読むことができます。

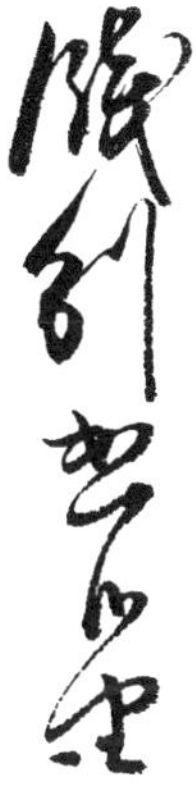

右はどうでしょう。一番上の字に「戔（戋）」があります。その下のは「別」と読めます。「餞別遣候由（せんべつ、つかわしそうろうよし）」。「しょくへん」に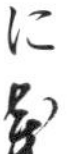「戔（戋）」の「餞」でした。「戔（戋）」パターンの字も色々あるものですね。

第六節　「朝」の仲間は？……「月」パターン

右の二文字を、じっくり見てみることにしましょう。両方とも、左右の部分からできている字ですね。ということは、二文字に四つの部分があることになります。

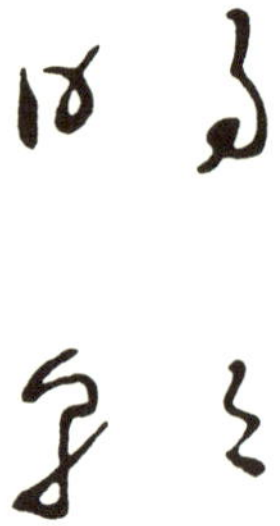

このうちの二つが、同じものをくずしたものです。どれとどれでしょう。

月　月

日　卓

そうです。いずれも、右側の方が「月」です。ちょっと形が違って見えるでしょうが、両方とも「月」なのです。そして、ここで書かれたこの二つが、「月」のくずし方の代表的なものです。「明朝（みょうちょう）」には、「月」が二つ入っていました。

本節のテーマは「月」です。下の方がくるっとまわった形をA、ぐっと右下で止まっている形をBとしましょう。

A 

B 

では、「明」と「朝」で、もう少し「月」に慣れることにしましょう。

練習問題29

？かくれんぼ！ 見つけよう！

次の①から⑧にある「月」を探してください。それは、A・Bどちらの形ですか。また、それぞれ何と書かれているのでしょう。

① 

② 

③ 

④ 

⑤

⑥

⑦

⑧

①**明**日（あす・みょうにち）B　②**明**日中（あすじゅう・みょうにちじゅう）A
③分**明**（ぶんみょう・ぶんめい）A　④不分**明**（ふぶんみょう・ふぶんめい）B
⑤**朝**六半時（あさ、むつはんどき）B　⑥**朝**夕（あさゆう）A
⑦早**朝**（そうちょう）B　⑧今**朝**（けさ・こんちょう）A

どうですか。「月」にだんだん目が慣れてきましたか。
③で「分」をまた見ることができましたね（100ページ「分」パターン）。
では、さらにほかの字から「月」を探してみましょう。

？かくれんぼ！ 見つけよう！ 練習問題30

次の①から⑮にある「月」を探してください。あまりくずれていない「月」もあります。また、思わぬところに「月」があります。洩らさず探して、その漢字が何か、考えてみてください。

では、「月」の部分に網を掛けます。

どうでしたか。だいじょうぶでしたか。では、文字ごとにまとめてみましょう。

ア　①　⑨　⑭　「有」……「つきへん」

イ　②　⑧　⑩　「賄」……「かいへん」

ウ　③　⑬　⑮　「朔」……「つきへん」

エ　④　⑥　⑪　「期」……「つきへん」

オ　⑤　⑦　⑫　「肴」……「にくづき」

ア列の「有」は、文書によく出てくる字です。最初は〝どうしてこんなくずしなんだろう〟〝「有」に似ても似つかないくずしだ〟と思われるでしょうが、そんなことはありません。しっかり「月」が書かれていることがわかります。「有」に書かれている「月」を、左で確かめてください。

ア【有】

この「有」を含む字が、イ・オ列の「賄」「肴」ですから、「月」も含まれていますね。

イ【賄】

オ【肴】

「朔」「期」の中の「月」も見てから、①から⑮に何と書かれていたのか確認しましょう。

ウ【朔】

エ【期】

① ② ③ ④ ⑤ ⑥ ⑦ ⑧ ⑨ ⑩ ⑪ ⑫ ⑬ ⑭ ⑮

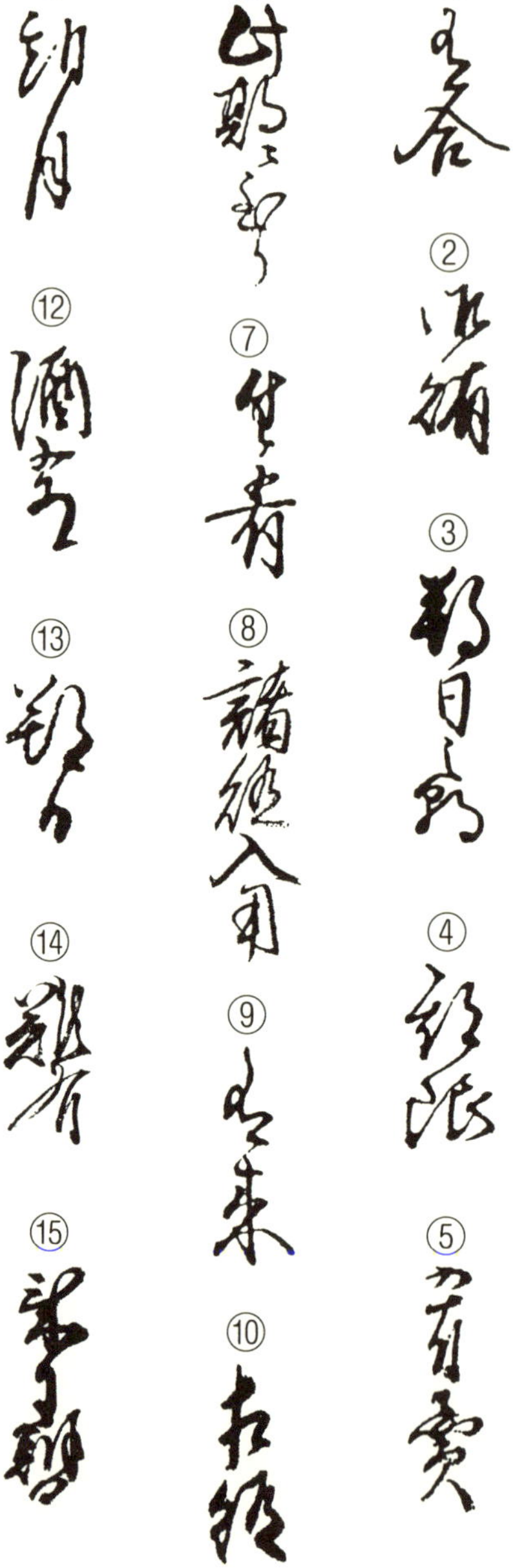

①**有**合（ありあわせ）　②御**賄**（おまかない）　③**朔**日之**朝**（ついたちのあさ・さくじつのあさ）
④**期**限（きげん）　⑤**肴**売（さかなうり）　⑥此**期**ニ至リ（このごにいたり）
⑦生**肴**（なまざかな）　⑧諸**賄**入用（しょまかないにゅうよう）　⑨**有**来（ありきたり）
⑩相**賄**（あいまかない）　⑪**期月**（きげつ）　⑫酒**肴**（しゅこう）　⑬**朔**日（ついたち・さくじつ）
⑭難レ**有**（ありがたし）　⑮来**月朔**日（らいげつついたち・らいげつさくじつ）

どうでしたか。〝もう、たくさん！〟というほど「月」を見ましたね。

もちろん、左側に「月」がくる字もたくさんありますが、本節では右側や下にある「月」の字を中心に見ました。

大きい「月」もあれば、小さい「月」もある。文書の中に出てくる「月」は、ほかにもまだたくさんありますので、出会うのを楽しみにしていてください。

本章第二節で見た「青」パターンの字の中にも、「月」が入っています。

あなたが古文書を解読する上で、「月」パターンの字が、きっと手がかりになります。

▼▼▼プラスαを楽しもう④▲▲▲「いとへん」「もんがまえ」

第四章第一節の「分」パターン、**練習問題22**（101ページ）で左のくずし字を見ました。

「紛敷（まぎらわしき）」「紛失（ふんしつ）」でした。右側が、みごとな「分」ですね。

今度は、部首である左側に注目してみましょう。そうです「いとへん」です。

【糸】「いとへん」

「紛敷」のは右の二番目、「紛失」のは四番目に似ていますね。この二つの形を知っていると、たいていの「いとへん」は読めてしまいます。いくつか見ておきましょう。

「**組頭**（くみがしら）」。「頭」の「おおがい」も見えます。

「**相続**（そうぞく）」。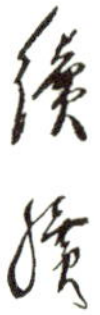は旧字の「續」のくずしですね。

ほかにも、大切な字がたくさんあります。もう少し読んでおきましょう。

「御礼（おただし）」 「上納（じょうのう）」 「委細（いさい）」

「絵図（えず）」 「給金（きゅうきん）」 「縁組（えんぐみ）」

次は、「もんがまえ」です。

 これは第二章第一節の **練習問題6**（33ページ）で見た「関」です。網を掛けた部分が「もんがまえ」です。ずいぶん、上にあがってしまっていますね。

【門】  **「もんがまえ」**

「もんがまえ」は右のようにくずれて、まるで「ひらがな」の「つ」のようになっていきます。

「門内（もんない）」 「御門（ごもん）」 「間違（まちがい）」

「間敷（まじく）」 「等閑ニ相成（とうかんにあいなり・なおざりにあいなり）」

「閏正月（うるうしょうがつ）」 「関東（かんとう）」

「門」は、人の名前によく出てきます。「何々右衛門さん」や「何々左衛門さん」です。

 すべて「**右衛門**（うえもん・えもん）」

 すべて「**左衛門**（ざえもん・さえもん）」

「甚右衛門（じんえもん）」 「次郎左衛門（じろうざえもん）」など、宗門人別改帳にも年貢関係の史料にも、訴訟文書にも願い書きにも、請状にも手紙にも、名前はたくさん出てきます。「右衛門」にも「左衛門」にも強くなってください。

第五章 ❖ 部首で見わけがつかない漢字

第一節　覚えてしまおう！　この10文字

練習問題31

？かくれんぼ！　見つけよう！

次の①から㉑の文字は何という漢字でしょう。
ア、第二章で学んだように、上下や左右の部分に分けることはできますか。
イ、第三章で見たように、部首を手がかりにできますか。
ウ、第四章の色々なパターンを、応用できそうですか。
今までの知識を総動員して挑戦してみてください。

①

②

③

④

⑤

⑥

⑦

⑧

⑨

⑩

⑪
⑫
⑬
⑭
⑮
⑯
⑰
⑱
⑲
⑳
㉑

たとえば①は、左右に分かれているようにも見えますが、どちらが部首なのか、何の部首なのか、これだけでは、まったく見当がつきません。ですから、部首を手がかりに調べることはできません。

それどころか、「漢字」と問題文にあるので〝漢字なのか！〟と思うしかありませんが、とても漢字には見えないでしょう。実は⑧も、①と同じ漢字がくずれたものなのです。

この中では、古文書を読み慣れている方でも⑦が難しいのではないでしょうか。これは、⑫⑲と同じ漢字です。

つまり、これらの字はア・イ・ウの、どの方法でも見わけにくく、丸ごとくずしを覚えてしまうのが一番なのです。詳しくはあとで述べるとして、ひとまず解読を載せます。

①御 ②可 ③被 ④様 ⑤奉
⑥候 ⑦段 ⑧御 ⑨無 ⑩被
⑪可 ⑫段 ⑬候 ⑭様 ⑮奉
⑯為 ⑰無 ⑱罷 ⑲段 ⑳罷 ㉑為

①から㉑には、十種類の漢字が書かれていました。

【御】①  ⑧ 

【可】②  ⑪ 

【被】③  ⑩ 

【様】④  ⑭ 

【奉】

⑤

⑮

【候】

⑥

⑬

【段】

⑦

⑫

⑲

【無】

⑨

⑰

【為】

⑯

㉑

【罷】

⑱

⑳

くずし字と漢字を見比べてください。〝え、これが?〟〝どうしてこんな形になるのだろう〟〝なぜ、ここまでくずれてしまうのだろう〟と、驚かれたでしょう。

これらの字は、古文書の中でとてもよく出てくる字です。これら頻出の字、つまりよく書かれる字ほど、くずれ方が激しいのです。「候（そうろう）」などは、⑬のように点になってしまいます。〝筆が止まっていたら、それは「候」が書かれている〟というわけです。

これは、覚えてしまうしかないですね。難しいと思われるかもしれませんが、逆に言うと、本当によく出てくるので、そのたびごとに〝そうだった〟と確認しながら覚えられるのです。しかも、ここに挙げた十個の漢字を読みこなせるようになると、文書を解読する力が飛躍的に向上しますので、学びがいがあります。

というわけで、ここで集中的にこの十個の漢字に取り組むことにしましょう。それぞれについて、①から㉑で二～三個のくずしを見ましたが、もっと多くのくずしを見ておきましょう。これらの漢字がどうくずれるのか、左ページから一挙に載せます。

古文書を何年も読んでいる方にはお手のものでしょうが、初めての方は、目がクラクラすると思います。いっぺんに覚える必要はないですから、少しずつ慣れていきましょう。そして、次節以降、これらのくずし字を使って学んでいきますので、その都度ここに戻って見返してください。その作業を繰り返すことによって、読めるようになっていきます。

【御】

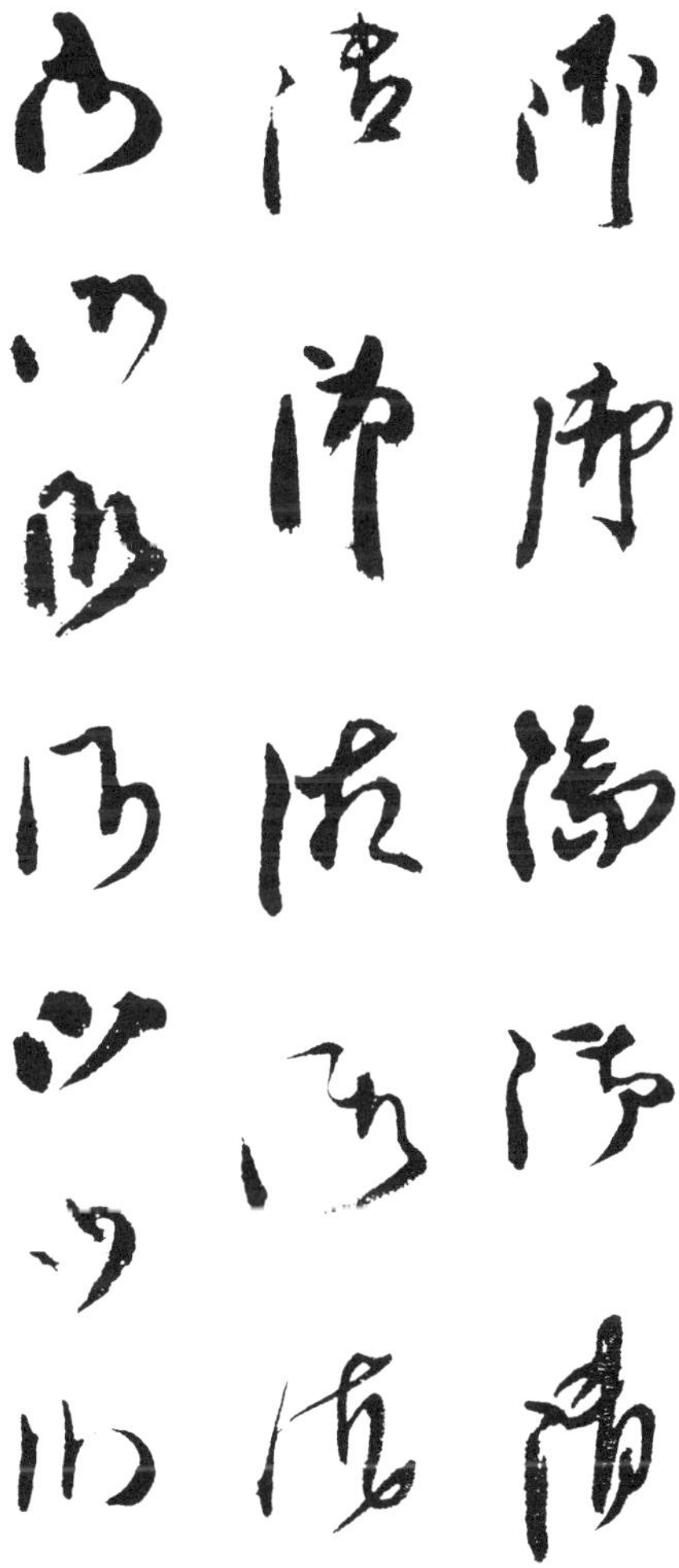

【可】

【無】

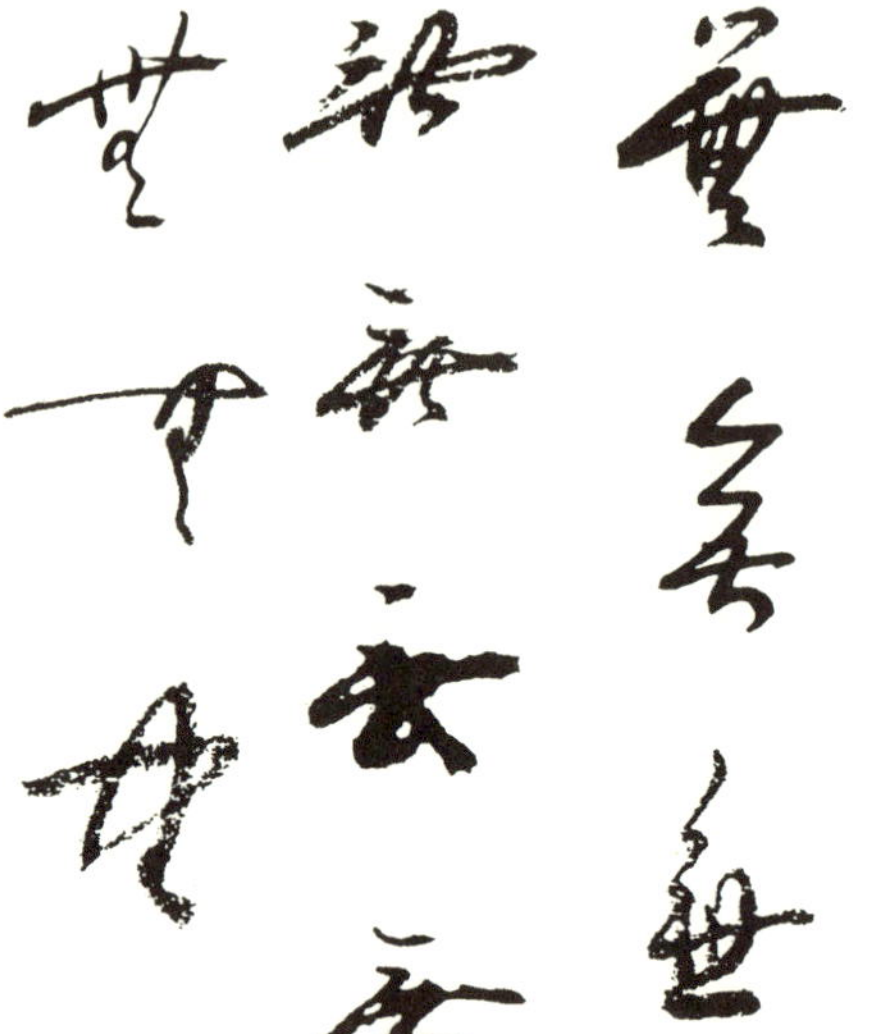

【被】

【様】

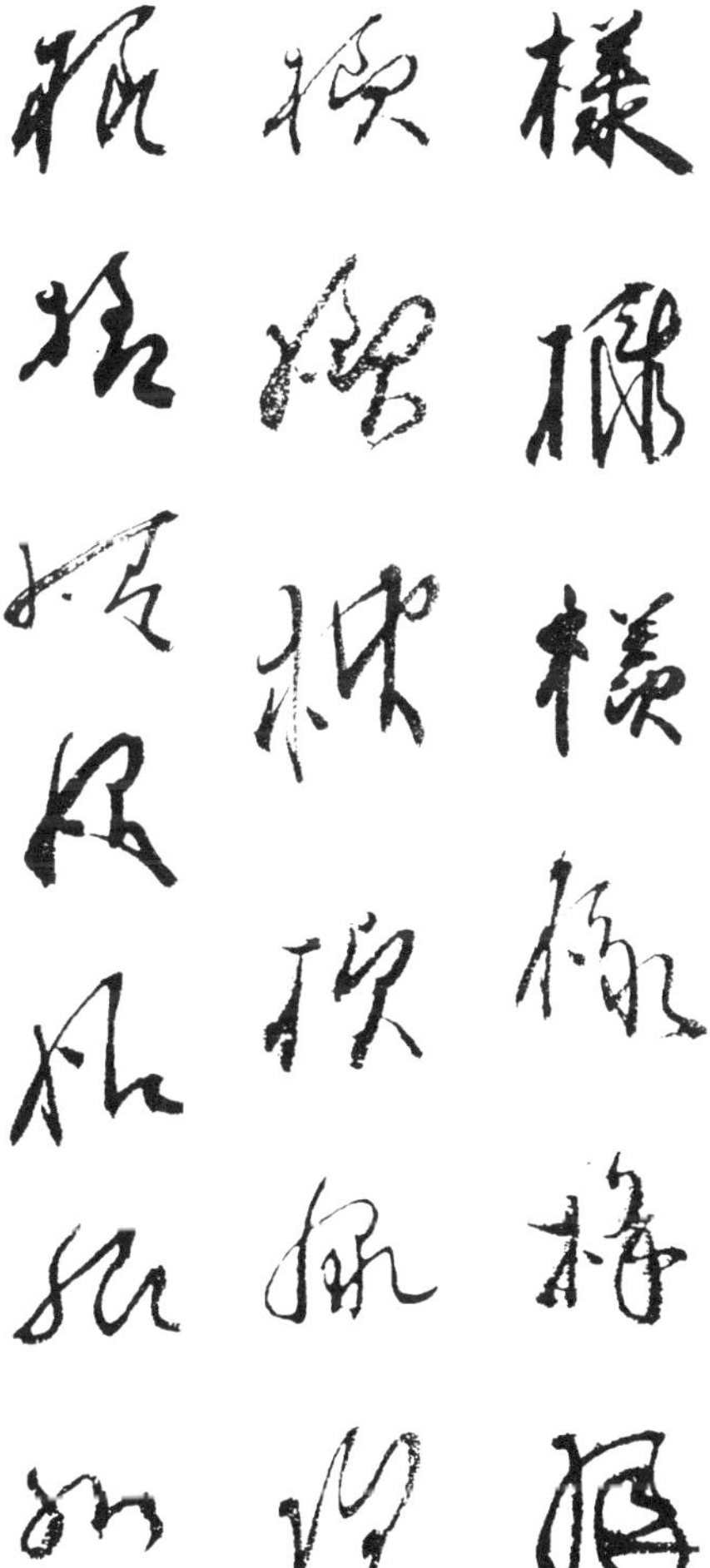

【奉】

【候】

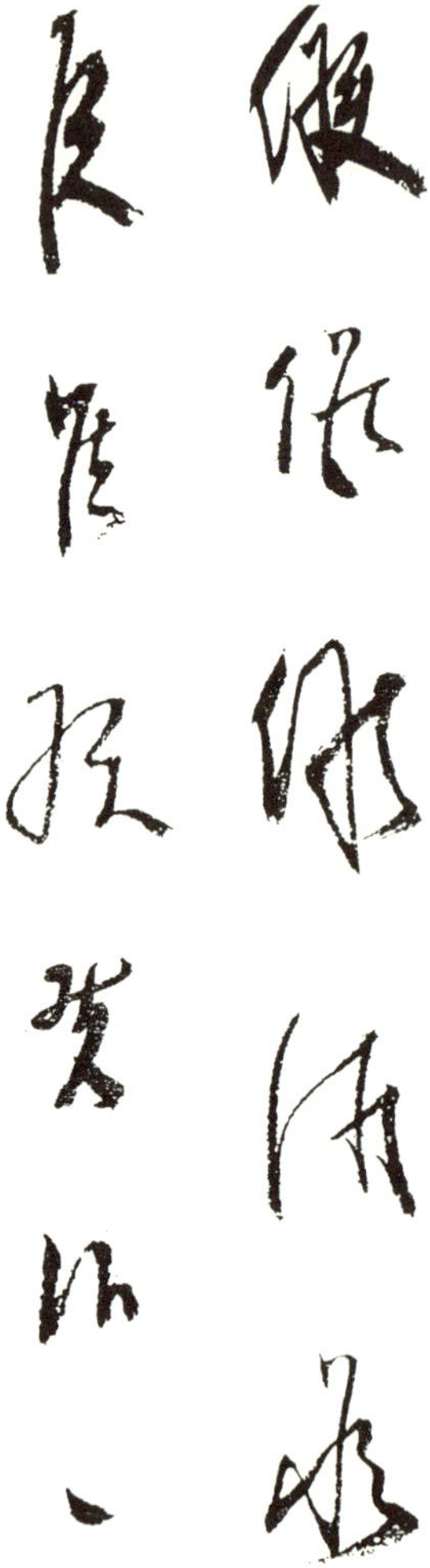

【段】

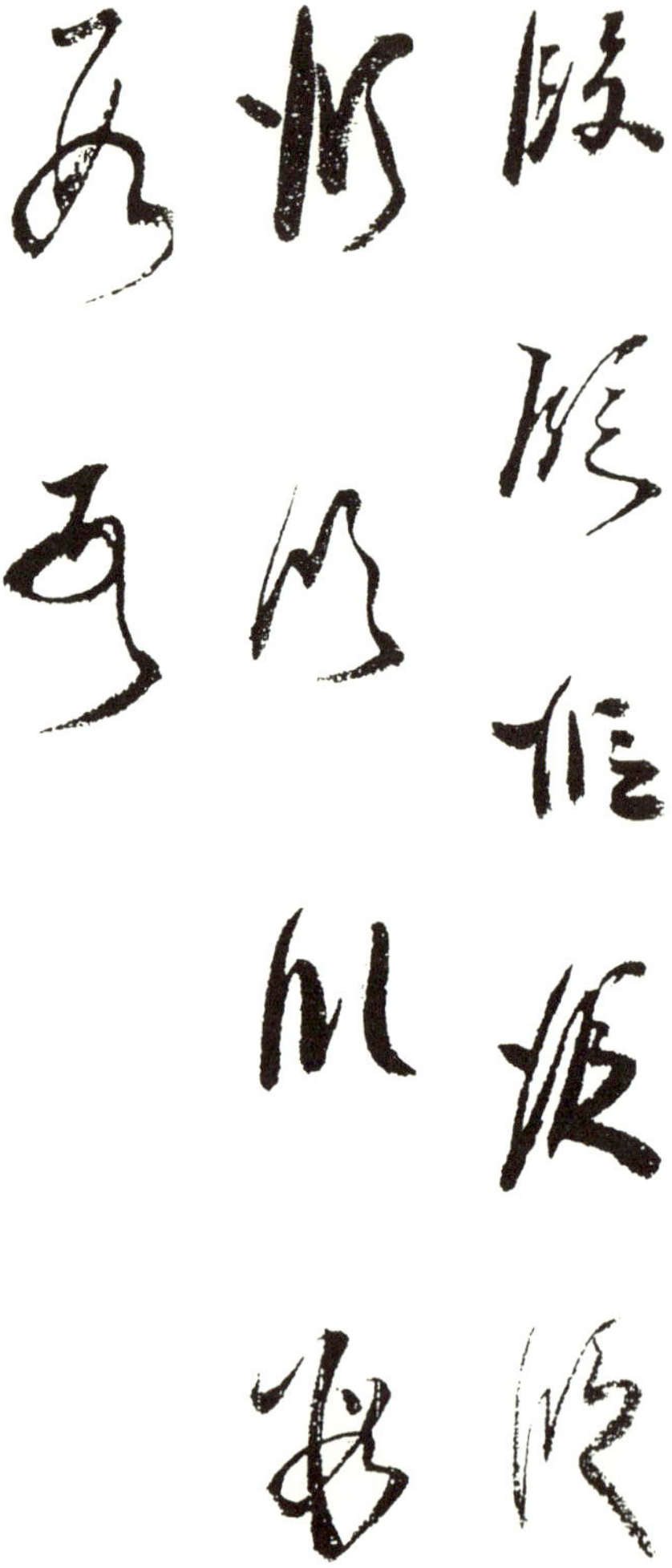

【為】

【罷】

「罷」はの部分が「罒（あみがしら）」が「能」のくずしです。このように、もとの漢字を思い描くことができるくずし字もあれば、簡略化された記号のようなものもありますね。

古文書の中で、これらのくずし字がどのように出てくるのか見てみましょう。

第二節　ここに書かれているのは何文字？　何と書かれている？

文書では、一文字一文字が離れて書かれているより、サラサラとつなげて書かれていることが多いですね。そのつながり方によって、個々の文字は、また違った印象を私たちに与えます。色々な例をどんどん読みながら、実践的な力を養っていきましょう。

?かくれんぼ！見つけよう！　**練習問題32**

次の①から⑬には、それぞれ何文字書かれていますか。また、何と書かれているのでしょう。

①

②

③

④

⑤

⑥

⑦

⑧

⑨

⑩

⑪

⑫

⑬

どこまでが一文字か、見わけられたでしょうか。とても大きく書かれた字、本当に小さい字、様々ですね。とりあえず、何文字書かれているかと、解読を載せます。（　）の中が文字数です。

①から③（3）御座候（ござそうろう）
④から⑥（3）御坐候（ござそうろう）
⑦（4）御座候様（ござそうろうよう）　⑧（3）無㆓御座㆒（ござなく）
⑨（4）無㆓御座㆒候（ござなくそうろう）
⑩から⑫（2）無㆑之（これなく）　⑬（3）無㆑之様（これなきよう）

だいじょうぶでしたか。

次のページに文字の区切れがわかるように隙間を入れてみますので、参考にしてください。

こうすると、一文字一文字がはっきりしたでしょうか。わかってしまえば、こんなことを考えずに自然に読めるのですが、ちょっとこんな工夫をしてみました。

右の①から⑬には、前節の〝覚えてしまおう！　この10文字〟の中の、四文字が入っています。同じ文字でも、色々な形や大きさに書かれています。

① 御座候

② 御座候

③ 御座候

④ 御坐候

⑤ 御坐候

⑥ 御坐候

⑦ 御座候様

⑧ 無御座

⑨ 無御座候

⑩ 無之

⑪ 無之

⑫ 無之

⑬ 無之様

「御」「候」「様」「無」のそれぞれのくずしに似たものは、147から151ページの中にあったでしょうか。なかったら自分で書き加えて増やす。そのようにして、〝くずし字の財産〟を増やしていくのでしたね。一文字一文字ではなく、①から⑬のような〈くずし字のまとまり〉をそのまま書き写してみるのも、とても力がつきます。

「無」は、「無用（むよう）」、「無事（ぶじ）」、「御無心（ごむしん）」などのように、上から下にそのまま読むこともありますが、前ページで見たように、ひっくり返って読むことが多いですね。左はどうでしょう。

すべて「無二相違一（そういなく）」と書かれていて、これもひっくり返って読みます。

練習問題33

? かくれんぼ！ 見つけよう！

次の①から⑭には、それぞれ何文字書かれているでしょう。また、何と書かれていますか。

①

②

③

④

⑤

⑥

⑦

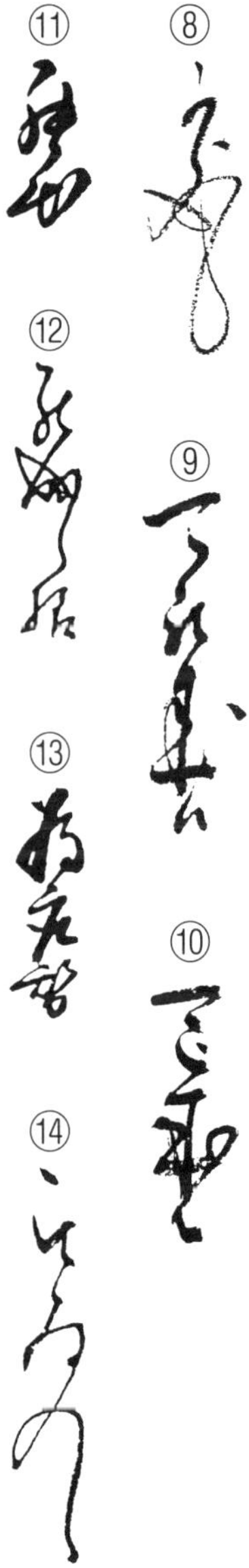

今度はどうでしたか。少し難しかったでしょうか。

①から③（3）右之段（みぎのだん）
④から⑥（3）奉レ存候（ぞんじたてまつりそうろう）
⑦（4）奉二願上一候（ねがいあげ、たてまつりそうろう）
⑧から⑩（4）可レ被レ成候（なさるべくそうろう）
⑪（2）罷出（まかりいで）　⑫（4）罷成候様（まかりなりそうろうよう）
⑬（3）為二取替一（とりかわせ）　⑭（4）被レ為レ入候（いらせられそうろう）

ここにも、ひっくり返って読む重要な表現がたくさんありました。次のページで、文字ごとに少しスペースを空けてみます。

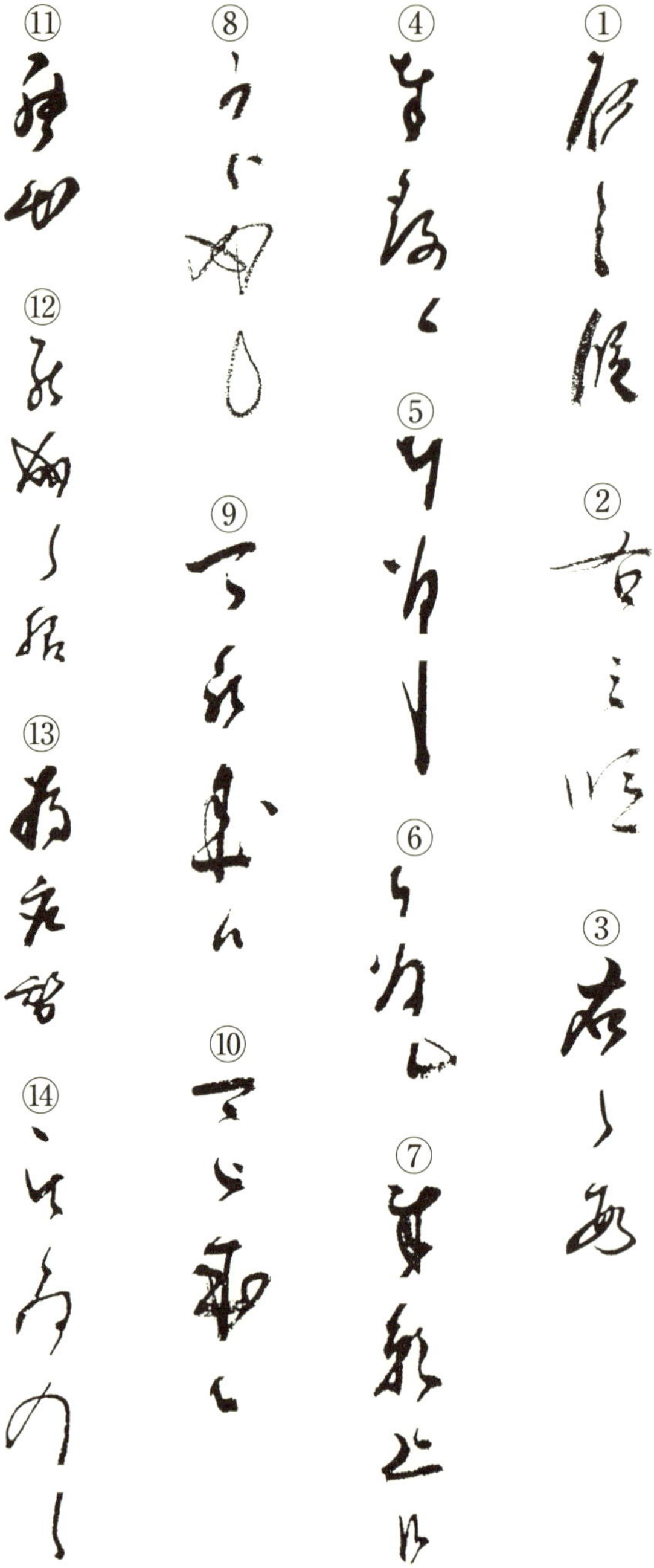

さらに、同じ字に印をつけてみます。

①右之段

②右之段

③右之段

④奉存候

⑤奉存候

⑥奉存候

⑦奉願上候

⑧可被成候

⑨可被成候

⑩可被成候

⑪罷出

⑫罷成候様

⑬為取替

⑭被為入候

「段」「奉」「可」「被」「罷」「為」が使われている表現を見ました。これで、第一節の〝覚えてしまおう！　この10文字〟の10文字すべてを、集中して見たことになります。

①から⑭のそれぞれのくずし字は、147から151ページの個々のくずしの中にありますか。〝ああ、このくずしと似ている〟と探し、確認してください。似たものがないと思ったら書き加えてください。

それと同時に、〈くずし字のまとまり〉になると、どうつながってどう変化していくのかも、じっくり見て、真似して書いて、色々な発見を楽しんでください。

第三節　色々な表現を読みこなそう

本節では、前節で学んだ10文字を中心に、もう少しくずれて、つながった字を見ます。

? かくれんぼ！　見つけよう！

練習問題34

次の①から⑫の表現を読んでください。何と書かれているでしょうか。

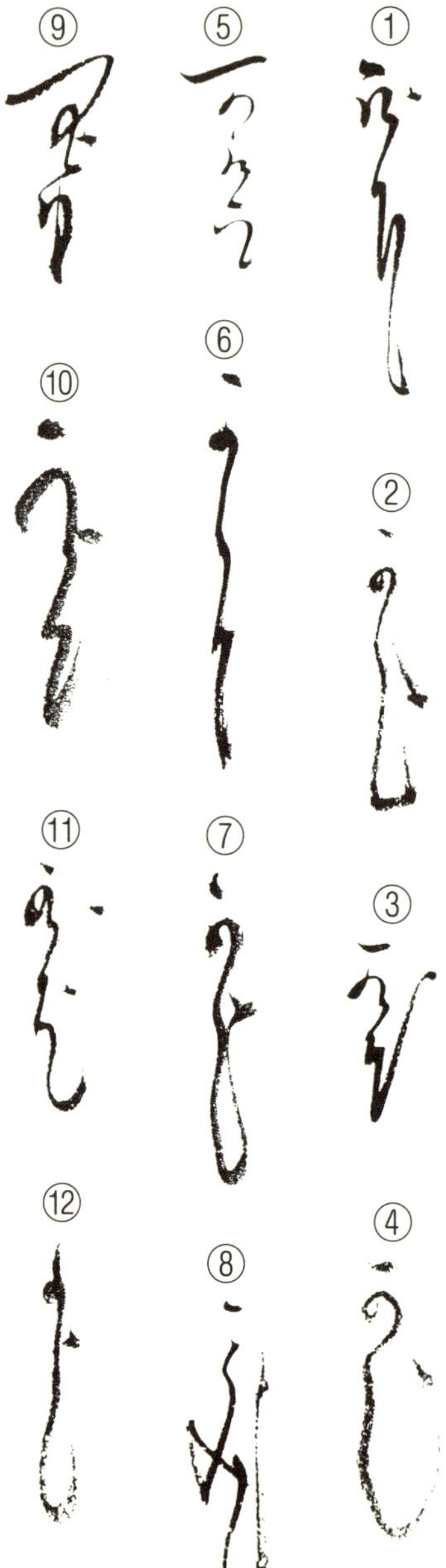

〝もう少し〟ではなく〝すごく〟くずれていて、何だかさっぱりわからなかったかもしれません。練習問題32・33の時のように、字と字の間に隙間を入れて、一字一字に分けようとしても、分けることができませんね。たとえば①を見てみましょう。

①

これは「可レ被レ下候（くださるべくそうろう）」と書かれています。「下」と「候」は個別の字として識別できますが、では「可」と「被」はどこにあるのでしょうか。の部分がそうで、「可」と「被」がくっついてしまっています。「可」の横に「被」が書かれたような状態でしょうね。

②

これも「可被下候」です。今度は、「可」と「候」は読めますが、「被」と「下」が一緒になってしまっています。長年文書を読んでいると〝これは「可被下候」と読むしかないな〟という感じで納得できるようになっていきます。

実は①から⑫のほとんどが「可被下候」です。たったひとつだけ、違うものがあります。どれでしょうか。

⑧のみ「可レ被レ成候（なさるべくそうろう）」
あとはすべて「可レ被レ下候（くださるべくそうろう）」

〝納得できない〟という方のために、色々な角度から見てみましょう。
「下」は、左のように書かれます。

【下】

たとえば、①のは、上から二番目のくずしに似ていますね。③⑥⑨⑩⑪にも同じくずしが見える、というより〝「下」らしき引っかかりの痕跡〟が見えます。

③

⑥

⑨

⑩

⑪

上に「可」があって、下が「候」で止まっていて、間に〝「下」らしきもの〟が書かれていたら、「可」と「下」の間には「被」が書かれていて「可被下候」だろう、と判断することになります。それで文意が通じれば、読み間違っていません。

⑤

この⑤の「下」は、右ページの【下】の上から四番目のくずしの形ですね。
残りの④⑦⑫は161ページの②のように、とても見わけにくい状態です。

④

⑦

⑫

これでは、「下」の読みようがありません。④も⑦も⑫も〝まっすぐの縦線の右横に点〟が特徴的ですが、これはおそらく「被」（148ページ）の方の点でしょうから、「下」は直線の中に含まれているとか、「被」と一緒になってしまった、と思うしかないですね。

〝よく書かれる字ほど、くずれ方が激しい〟（146ページ）は、ひとつの文字の場合だけでなく、ひとつの表現でも言えることがわかります。

「可被下候」は、④⑦⑫のような形でワンセット。そう考えましょう。

左を見てください。

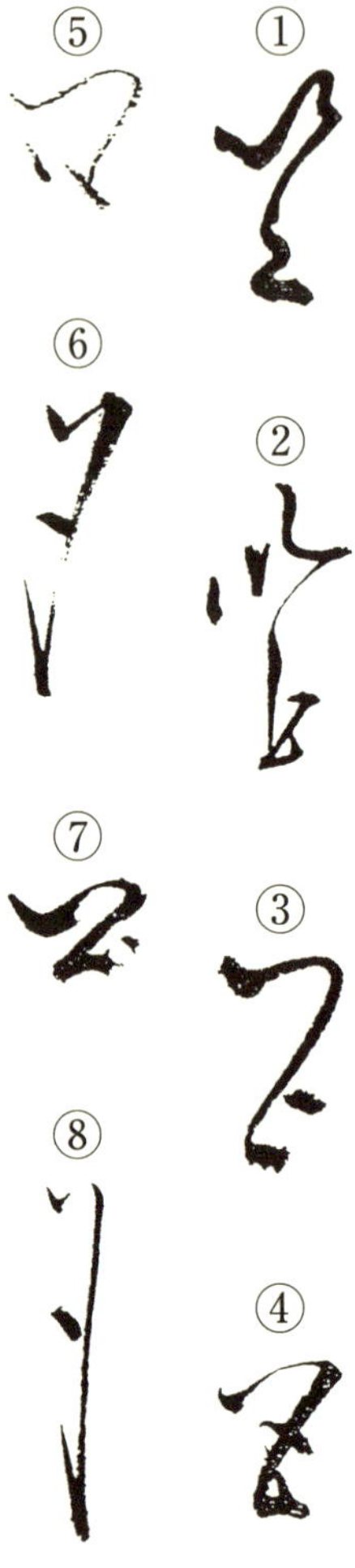

①から⑧まで、すべて「以上（いじょう）」です。文書の文末にこのように書かれていたら、多少読みづらくてもワンセットで「以上」です。

? かくれんぼ！　見つけよう！　練習問題35

①から⑥は、何と書かれているのでしょうか。同じようで、少しずつ違う表現ですので、見わけてください。

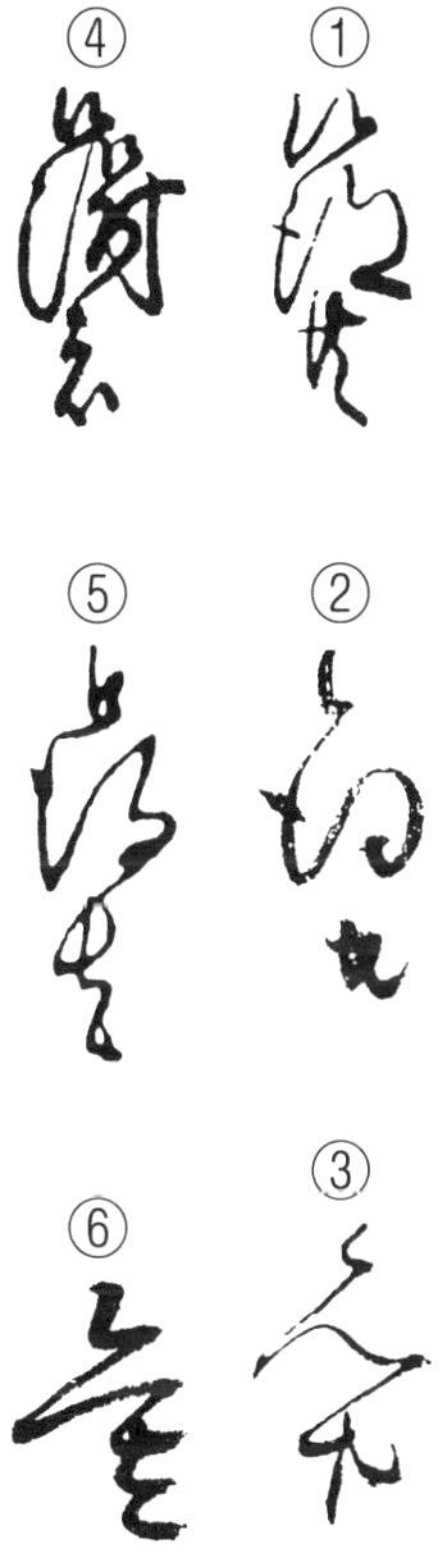

①と②候得共（そうらえども）　③候へ共（そうらえども）
④と⑤候得者（そうらえば）　⑥候へ者（そうらえば）

【共】

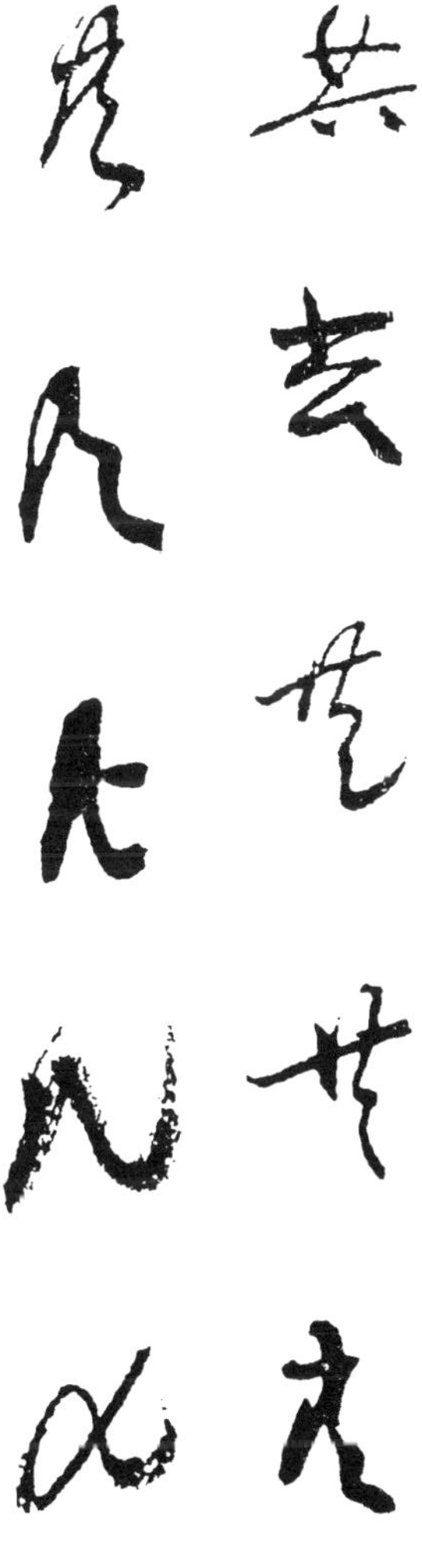

声に出して読むと、①②③はどれも「そうらえども」。④⑤⑥はすべて「そうらえば」。
「候得八」と、カタカナの「八」が書かれていても、「そうらえば」です。

第四節　少し長いまとまりを読んでみよう

本節では、今までより少し字数が多い表現を読んでみましょう。

練習問題 36

? かくれんぼ！　見つけよう！

次の①から⑧は、何と書かれているのでしょうか。

①

②

③

④⑤⑥⑦⑧

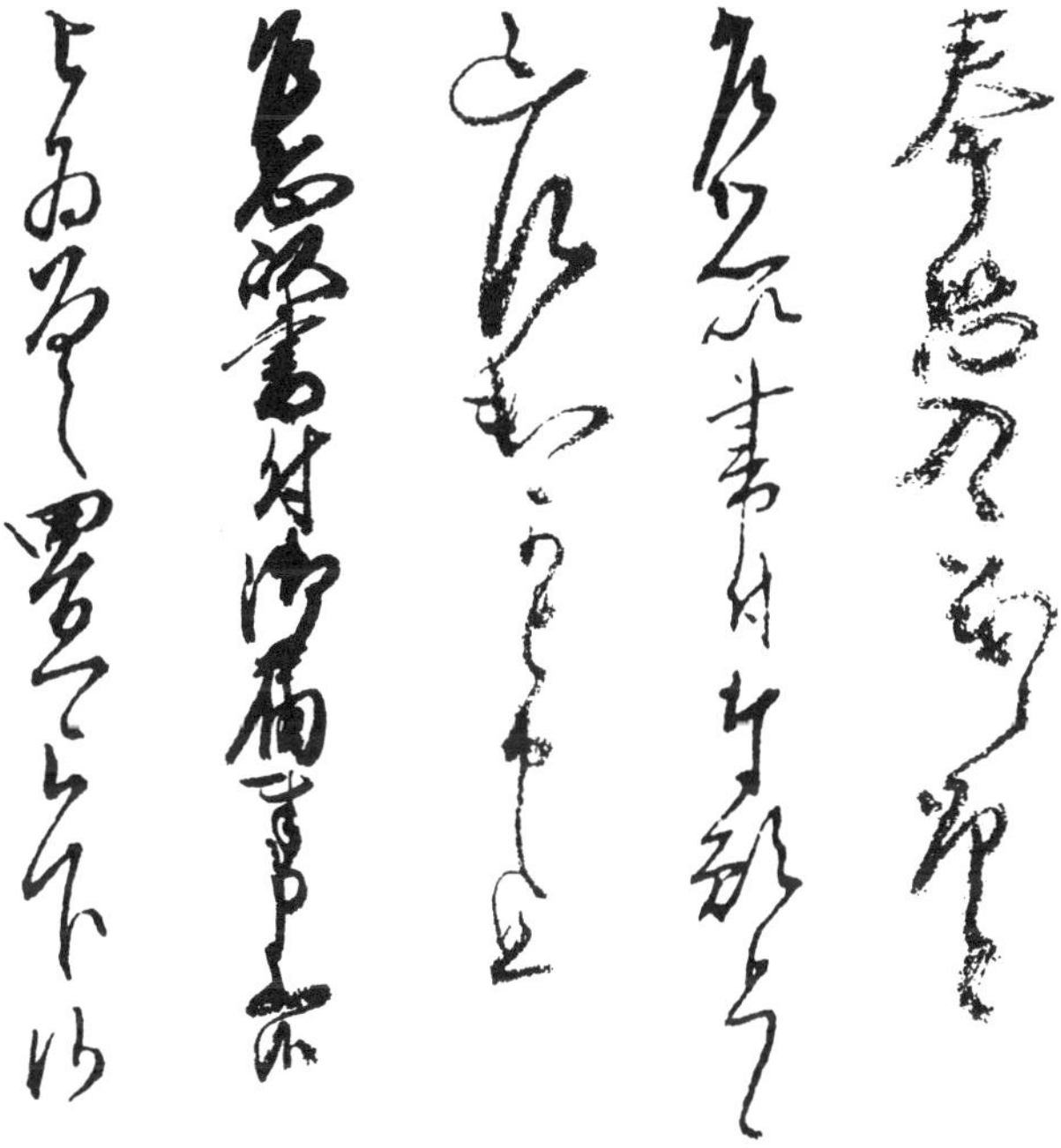

まず、解読を載せます。照らし合わせて確かめてください。

①難二心得一奉レ存候間（こころえがたく、ぞんじたてまつりそうろうあいだ）
②段々心懸罷在候得共（だんだんこころがけ、まかりありそうらえども）
③難レ有仕合奉レ存候（ありがたきしあわせに、ぞんじたてまつりそうろう）
④奉二恐入一候義二御坐候（おそれいりたてまつりそうろうぎに、ござそうろう）
⑤乍レ恐以二書付一奉二願上一候（おそれながら、かきつけをもって、ねがいあげたてまつりそうろう）
⑥差出可レ被レ申候上（さしだし、もうさるべくそうろううえ）
⑦乍レ恐以二書付一御届奉二申上一候（おそれながら、かきつけをもって、おとどけもうしあげたてまつりそうろう）
⑧被レ為二差置一被レ下候（さしおかせられ、くだされそうろう）

どうでしたか。

④⑥⑧は、特に難しかったと思います。このぐらいくずれているくずし字が、スラスラと正確に読めた方は、大いに自信を持ってください。

どれも見当がつかない方は、これからまだまだ進歩の可能性がありますので、楽しみながらがんばっていきましょう。

では、ひとつひとつ見ていきましょう。ここには、〝覚えてしまおう！　この10文字〟の中の文字が含まれていますし、それ以外の大切な表現も挙げてみました。まず①と③から。

①

③

網をかけた字は「難」です。「難」は「難儀（なんぎ）」、「難義（なんぎ）」、「難渋（なんじゅう）」などと、上から下にそのまま読む場合もありますが、ひっくり返って読むことが多いです。この場合もそうです。

①「難二心得一（こころえがたく）」、③「難レ有（ありがたく）」。

①のは「もんがまえ」に「日」で「間」。

①のと③のは、どちらも「存（ぞんじ）」です。

③の「仕合（しあわせ）」も、大切な熟語です。古文書では「幸せ」と書かれたものはめったに見ることがありません。この「仕合」で出てきます。ここでの「難レ有仕合（ありがたき、しあわせ）」も、御礼を述べる時によく使われます。

「仕合」には、もうひとつ「しあい」という読み方があります。

「右之仕合、一々申述（みぎのしあい、いちいちもうしのべ）」などの場合です。「今までの事情を、ひとつひとつ話して」ということで、「仕合（しあい）」は、事情・始末・状況などという意味になります。

「難」を使った表現①と③を、まとめてみましょう。

① 「難二心得一奉レ存候間（こころえがたく、ぞんじたてまつりそうろうあいだ）」。

③ 「難レ有仕合奉レ存候（ありがたきしあわせに、ぞんじたてまつりそうろう）」。

次は⑤と⑦です。

⑤ 

⑦ 

網掛けの字は「乍（ながら）」と読みます。は「恐（おそれ）」。第三章第六節で見た「したごころ」の字ですね（88ページ）。

「乍」はひっくり返って読む字で、は、両方とも「乍レ恐（おそれながら）」。文書の中で「乍レ去（さりながら）」、「乍レ存（そんじながら）」などと出てきます。

⑤ 

「乍レ恐以二書付一奉二願上一候（おそれながら、かきつけをもって、ねがいあげたてまつりそうろう）」。

⑦ 

「乍レ恐以二書付一御届奉二申上一候（おそれながら、かきつけをもって、おとどけもうしあげたてまつりそうろう）」。

⑤と⑦は、両方とも文書の表題です。「乍恐」の二文字で、身分が下の人が上の人に、何かを願い出たり、報告していることがわかります。だれが、いつ、何の目的で、どういう事情があって、何を願い出ているのか。表題を読んだだけで、文書を読み進めていく上での着眼点がわかります。

表題や文末の表現は、くずし字を学ぶ上で、ちょうどいい長さの最適の練習になります。油井宏子監修『江戸時代&古文書　虎の巻』（柏書房）には、多くの例と解読文を載せていますので、参考にしてください。

次は⑥と⑧です。ここにも、覚えてしまいたい字があります。さらに、ここでは、どこまでが一文字かを見わけるのも課題です。

⑥

⑧

網を掛けたくずし字が共通の文字です。といっても、とても同じ字には見えませんね。どちらも「差」のくずし字なのです。

【差】

一番似ているくずし字を探すと、それぞれ右の網掛けのような感じでしょうか。

⑥は「差出（さしだし）」、⑧は「差置（さしおき）」と書かれています。

⑥のの部分を文字ごとに空けてみると、

「可被申候上」の五文字が入っています。

⑧には「被レ為（せられ）」、「被レ下（くだされ）」と、「被」が二つ書かれています。

⑥「差出可レ被レ申候上（さしだし、もうさるべくそうろううえ）」。

⑧「被レ為二差置一被レ下候（さしおかせられ、くだされそうろう）」。

あとは、②と④ですね。

②

④

④の下のが面白いですね。くっついてしまっていますが、三文字書かれています。左上のの部分が「御」、それから巻いて下りてきているここまでが「坐」、最後に止まっているが「候」です。

②

「段々心懸罷在候得共（だんだんこころがけ、まかりありそうらえども）」。

④

「奉二恐入一候義ニ御坐候（おそれいりたてまつりそうろうぎに、ござそうろう）」。

これで、①から⑧まですべて見終わりました。そのそれぞれに色々な特徴があり、〝なるほど！〟と思われたのではないでしょうか。これらが、これから古文書を読んでいく上での羅針盤になるといいですね。

▼▼▼プラスαを楽しもう⑤▲▲▲

ひとつの字の中にある繰り返し

左は、第三章第四節の**？かくれんぼ！　みつけよう！　練習問題18**（75ページ）で見たくずし字です。

どちらも「連々（れんれん）」で  は、漢字の繰り返しを表す踊り字でした。**練習問題19**（80ページ）の 「追々（おいおい）」にも見られました。

さて、左の字を見てください。

「相談（そうだん）」　「直談（じきだん）」

両方の　「談」に注目してください。右側の部分の　は「火」。その下に書かれているが、繰り返しの踊り字です。つまり、「火」の下に、もうひとつ「火」を書くようにという指示ですので、その通りにすると「炎」になります。左側の　「ごんべん」と合わせて　「談」になります。

面白いですね。「連々」「追々」などのように、字そのものを繰り返すことはもちろん、このように〝ひとつのくずし字の中にある踊り字〟が見られるのです。たとえば、次の字もそうです。

「立替（たてかえ）」　「為替（かわせ）」　「両替（りょうがえ）」

「替」も、　「夫」の部分の繰り返しとして、その右側に踊り字　が書かれています。

今度は左のパターンです。

「拙寺（せつじ）」　「拙僧（せっそう）」　「拙者（せっしゃ）」

「拙」の右側の「出」が　と書かれています。

〝「出」という字は、「山」が二つ重なってできているのだ！〟と、くずし字から改めて教えてもらった気がします。

「用水堀（ようすいぼり）」の　「堀」の中にも　「出」があり、「山」を繰り返していることがわかります。

古文書の中から、こんな表現をもっと探してみてください。

第六章 ❖ こんなに読めるようになった

第一節　まずは挑戦！　どのぐらい読めますか

第五章までの学習でどのぐらい読めるようになったでしょうか。文書の一部を楽しんでみましょう。

左は、享和三（一八〇三）年五月七日に、山城国（現在の京都府）の、ある村で書かれた文書の前半部分です。とりあえず、目を通してみましょう。

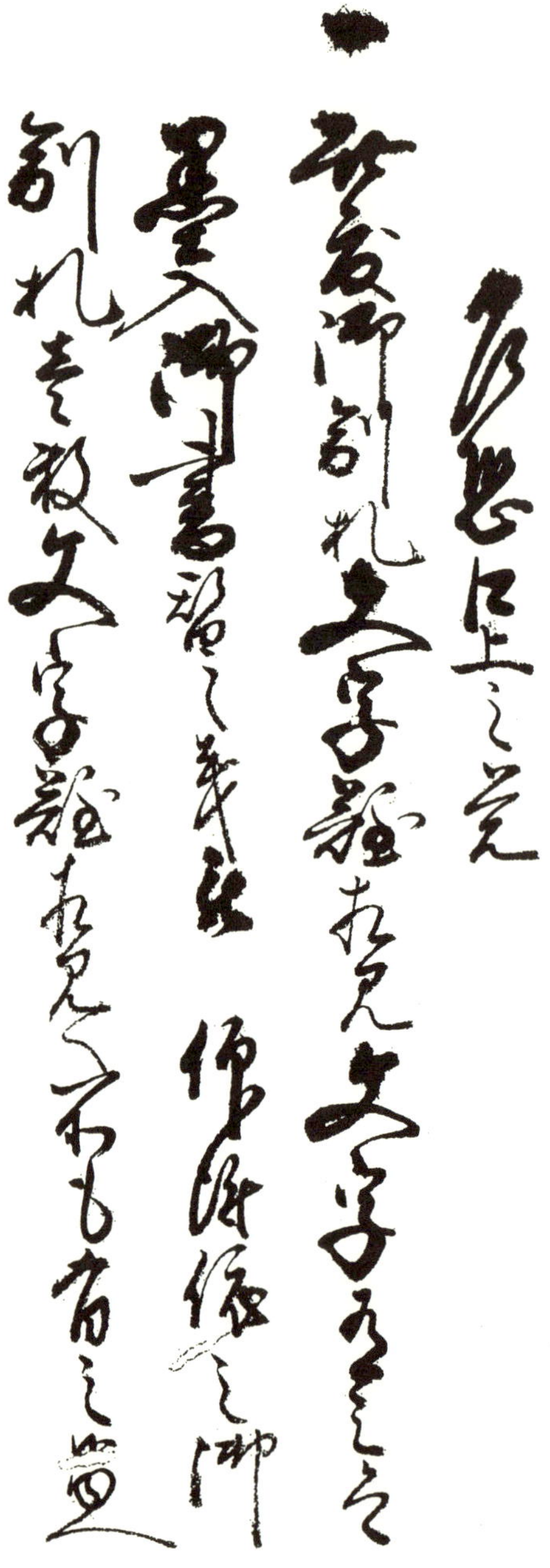

丁寧に書かれていますが、少し難しいところもあり、ちょうどよい練習になりそうです。第五章で見た表現も、早速たくさん出てきていますね。本書では左の内容を学んできました。

第一章では、「カタカナ」と「ひらがな」
第二章では、漢字を上下・左右などに分けて、部首に注目
第三章では、似ている部首に要注意
第四章では、「分」「青」「土」「成」「戔（戋）」「月」のそれぞれのパターン
第五章では、部首で見わけがつかない頻出の文字や、重要な表現

“プラスαを楽しもう”のコラムでは、異体字や繰り返しの表現など。

それらのいくつかが、右の文書の中に書かれています。思い出してください。ページを繰って振り返ってください。どのぐらい読めましたか。

次節から、少しずつ区切りながら丁寧に見ていきましょう。

第二節　第五章までの知識を活用して丁寧に

? かくれんぼ！　見つけよう！ …… **練習問題37**

左は、この文書の表題ですが、何と書かれているでしょう。

第五章の第四節（171ページ）で学んだ表現ですね。

そうです。「乍レ恐（おそれながら）」と、ひっくり返って読むのでした。

乍レ恐口上之覚（おそれながら、こうじょうのおぼえ）

「乍恐」の二文字だけで、身分が下の人が上の人に、何かを述べていることがわかるのでしたね（171ページ）。「恐」の「心」については、第三章第六節（88ページ）の「したごころ」を、もう一度見ておいてください。

この文書の最後には、関連の四ケ村の庄屋・年寄が連署し、宛先には「御役所様（おやくしょさま）」と書かれています。村役人から領主側に出されたものだとわかります。どういう必要があって、何を申し述べている文書なのか、読み取っていきましょう。

？ かくれんぼ！ 見つけよう！ 練習問題38

左の中に知っている字はありますか。学んだ字を手がかりに、読んでみてください。

先に解読を載せてから、ゆっくり解説します。

一　此度御制札文字
難ニ相見ニ文字有レ之候八ヽ
（ひとつ、このたび、ごせいさつもじ、あいみえがたきもじ、これありそうらわば）

「御」「候」（第五章）は見わけられましたか。「候」は「候ハ、（そうらわば）」（14ページ）の形を、また見ることができました。

「有レ之（これあり）」も学びましたね。は「月」パターンでした（第四章第六節）。「有レ之候ハ、（これありそうらわば）」。

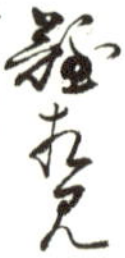「難二相見一（あいみえがたき）」（第五章第四節）は、ひっくり返って読むのでした。「相」は、「てへん」のように見えますが、「木」が書かれています（第三章第一節）。

ここまでのところで読めた字に網を掛けてみると、次のようになります。

そのほかの字を見てみましょう。読めそうですね。

は「一（ひとつ）」。「ひとつ書き」と言って、江戸時代の文書は、「ひとつ、何々」「ひとつ、何々」という形で続いていきます。ただし、次の箇条がなく、一箇条だけでも、文書はで始まることが多いです。この文書もそうで、次の「ひとつ」はありません。

は「此度（このたび）」と読みます。どちらもよく出てくる大切な文字です。とは、左右に分かれている漢字ですね（第二章）。の部首は右側の「りっとう」、は左側の「てへんのように見えるきへん」（第三章第一節）で「制札（せいさつ）」。ここでの制札とは高札（こうさつ）のことで、幕府や藩からの法令を板に墨書きして、高札場に掲げたものです。

二か所のは「文字」ですね。制札に書かれている文字のことです。

さて、これで練習問題38の部分は全部読めましたが、何を言っているのでしょうか。意味を確認しておきましょう。

一　此度御制札文字
難相見文字有之候ハ、

ひとつ、今回、村の御制札に書かれている文字の中で見えなくなってしまっている文字が、もしあるならば、

？かくれんぼ！　見つけよう！　練習問題39

次に進みます。何と書かれているでしょう。知っている表現はありますか。

墨入御書替之義被ニ　仰附ー（すみいれ、おかきかえのぎ、おおせつけられ）

これで一文字、大きな字ですね。「土」の部分で見わけられる「土」パターンの字（第四章第三節）で「墨（すみ）」です。114ページで見ましたね。

「墨入（すみいれ）」と書かれています。

「御」がまた出てきました（第五章）。のは〝プラスαを楽しもう⑤〟（175ページ）で見た「替」ですね。で「御書替（おかきかえ）」と読めます。

次のは、どこかで見た字ですね。練習問題38の「有之」のです。

このように〝文書の中で、前に出てきた同じ文字を探して、見比べてみる〟というのは、とても大切なことで、これで読めるようになっていきます。

ここで見た「御書替」の「御」と練習問題38の「御制札」の「御」を比べることもできますね。

で「之義」と書かれています。「義」もよく出てくるくずしのひとつです。その下に「被」が出てきてくれました。第五章第一節の重要な10文字のうちのひとつでしたね。第三節でも見た、ひっくり返って読む文字でした。その下のどこまで読んでから、ひっくり返るのでしょうか。

「仰附（おおせつけ）」を読んでから 「被二　仰附一（おおせつけられ）」と、ひっくり返ります。「被」と「仰付」の間が、一文字分ぐらい空いているのは、〝「仰附」た人〟への敬意を表したもので、闕字（欠字）と言います。

「仰」も「附」も左右に分かれている字で、それぞれ「にんべん」「こざとへん」だと見当がつくと調べられます。

「仰」も重要な字で、難しいくずしもありますので、見ておきましょう。

【仰】

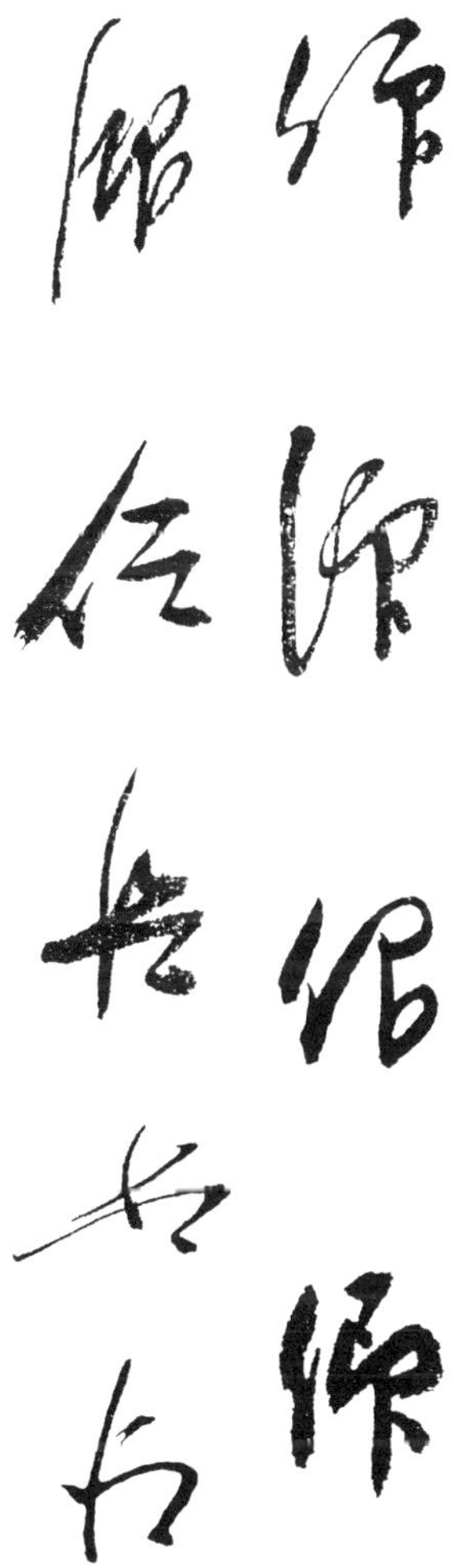

では、文意を確認しておきましょう。

墨入御書替之義被　仰附

見えなくなってしまっている文字に墨を入れたり、書き替えたりするようにとの仰せがあり、

なるほど、長年の風雨などにより、制札は文字が消えかかったり傷んだりするのですね。もし、そのようになっている文字があったら書き直すように、との仰せがあったわけです。

高札が傷むのは、何もこの村に限ったことではありません。江戸時代の、どの村や町の高札についても言えることですから、公儀高札（幕府の高札）、自分高札（藩独自の高札）について、それぞれの村や町に、このように指令が出されていたのだろう、と理解できます。

練習問題40

？かくれんぼ！見つけよう！

続きを読みましょう。何と書かれていますか。

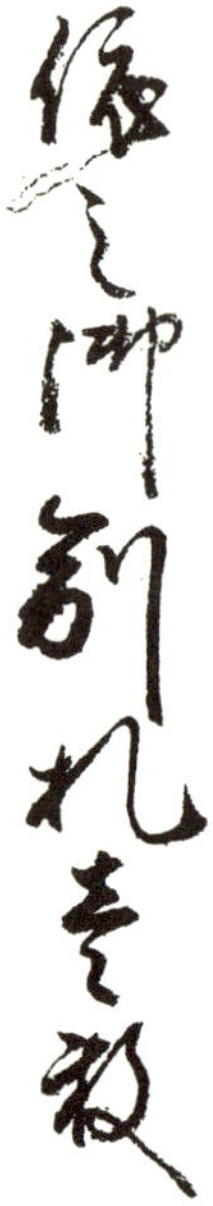

依レ之御制札壱枚
文字難ニ相見へ一所も
有レ之候ゆへ
（これにより、ごせいさついちまい、
もじ、あいみえがたきところも、
これありそうろうゆえ）

ここでも、学習の成果を生かせそうですね。ほとんどの字が、練習問題37・38・39ですでに見た字になってきました。は練習問題38で見た「有之」のとそっくりですね。は左右に分かれている字（第二章）で「にんべん」と「衣」が見えます。「依」です。は「依レ之（これにより）」と、ひっくり返って読みます。

「御制札（ごせいさつ）」は練習問題38のとほぼ同じくずしです。は「壱枚（いちまい）」と書かれています。漢字の「壱」はのようにくずれます。「文字」は三回目です。慣れてきましたね。も、練習問題38のとそっくりですが、どこかが違います。そうですね。今度は「相見」のあとに「へ」が送ってあります。「相見」でも「相見へ」でも、読み方は「あいみえ」です。「文字難二相見へ一（もじ、あいみえがたき）」と読んでからにつながります。

このは「所」のくずしです。そしては「ひらがな」の「も」。漢字の「毛」がくずれた「も」です。で「所も（ところも）」です。「文字難二相見へ一所も（もじ、あいみえがたきところも）」と、続いています。

は「月」パターン（第四章第六節）の「有」で「有レ之（これあり）」でした。練習問題38の「有之」より、今度の方が読みやすいですね。

には何文字書かれていますか。そう、三文字です。まず、は「候（そうろう）」（第五章第一節）。練習問題38では「候ハヽ」で出てきて、

点のようになってしまった「候」でしたが、ここでは最もよく出てくる形ので書かれてあります。

の下の部分の、薄い楕円形の雲のように見えるものは〝虫食い〟です。

古文書には、このように虫が和紙を食べてしまった箇所が見られます。何十年・何百年と経つうちに、古文書はネズミや虫などの被害を受けます。保存状態のとてもよい文書もあれば、和紙と和紙がくっついてしまっていて、開くのさえ難しい文書もあります。

この文書は、比較的きれいな文書です。このように所々に虫食いの跡は見られますが、文書を解読する上での支障はなさそうですので、安心して読み進めましょう。

は「ゆへ（ゆえ）」と書かれています。漢字で書くなら「故（ゆえ）」と書くところを、「ひらがな」で書かれています。漢字の「由」と「部」がくずれた「ゆへ」です。

「有レ之候ゆへ（これありそうろうゆえ）」ですね。

文意をまとめてみましょう。

依之御制札壱枚
文字難相見へ所も
有之候ゆへ

そういうわけなので調べたところ、村にある御制札の一枚に、
文字が見えなくなってしまっている箇所が
あったので、

？かくれんぼ！ 見つけよう！

練習問題41

さらに続けましょう。左は、何と書かれていますか。

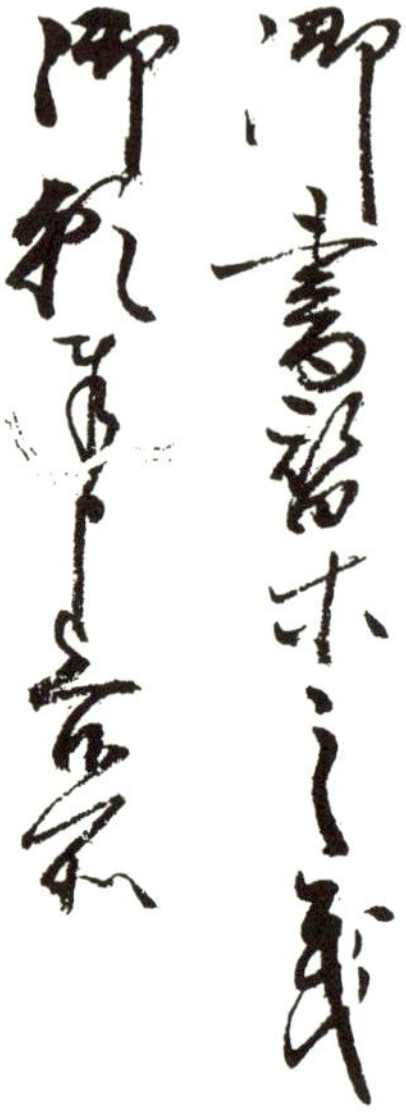

御書替等之義（おかきかえなどのぎ、
御願奉二申上一候所　おねがい、もうしあげたてまつりそうろうところ）

初めての字は、もうほとんどなくなりました。は、練習問題39の「御書替之義」と、ほぼ同じ表現です。が入っていますが、これは、〝**プラスαを楽しもう②**〟のコラム（53ページ）で見た「カタカナ」の「ホ」のように見える「等」でしたね。

「御書替等之義（おかきかえなどのぎ）」です。「御願（おねがい）」。"プラスαを楽しもう③"のコラム（97ページ）で見たように「おおがい」で見わける「願」でしたね。「願」は、第五章の練習問題33（156ページ）の「奉願上候」でも見ました。「奉」も、ひっくり返って読む重要な文字でしたね。この表現にそっくりなのが、この文書の次のところです。

は「奉㆓申上㆒（もうしあげたてまつり）」です。「願上」ではなく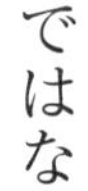「申上」と書かれています。「申」もよく出てくる大切な文字です。

【申】

「申」はこのように、「曰」の部分が、右半分の小さな半円になってしまうことが多く、さらにその半円が、一番下のくずしのように点になってしまいます。

次の「候所」も既出ですね。練習問題40の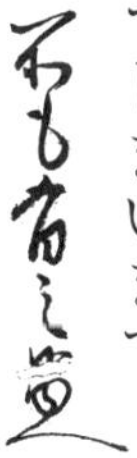「所も有之候ゆへ」で見ました。

では、読みと文意を確認しましょう。

御書替等之義
御願奉申上候所

御制札の書き替えなどを
御願い申し上げたところ

練習問題 42

？かくれんぼ！ 見つけよう！

「御願い申し上げたところ」どうなったでしょうか。続きを読んでください。

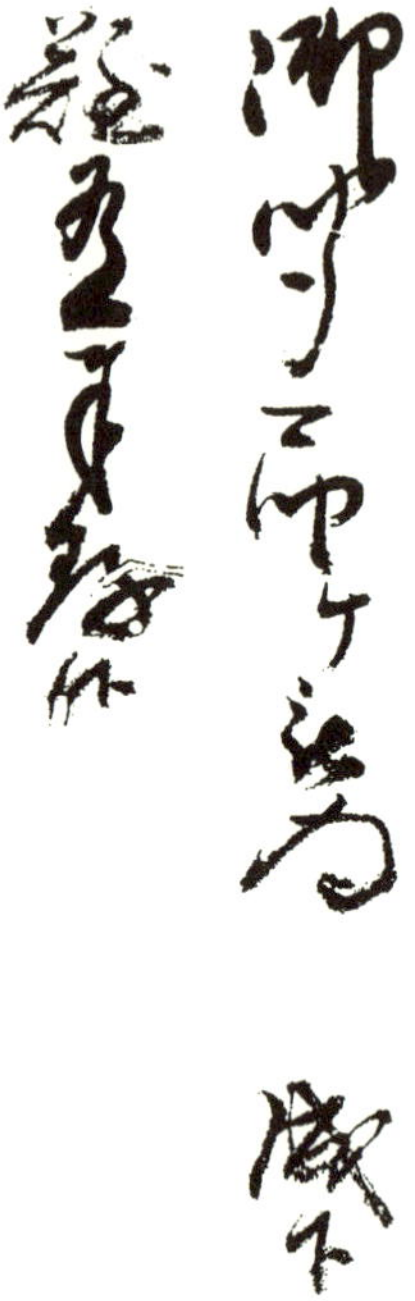

御聞届ケ被レ為ニ　成下ー
難レ有奉レ存候

（おききとどけ、なしくだせられ
ありがたく、ぞんじたてまつりそうろう）

 の  「御」は、もう得意ですね。二文字目の  は  「もんがま

え」に「耳」が書かれた「聞」です。「もんがまえ」については〝プラスαを楽しもう④〟のコラム（139ページ）を、もう一度見ておいてくださいね。その下のは「届」で「カタカナ」の「ケ」が送ってあります。「御聞届ケ（おききとどけ）」。

は両方とも知っている字ですね（第五章）。「被為」と続いていると「せられ」と読みます（173ページ）。その下を読んでから〝何々「せられ」〟となります。

ここでは「成下」を先に読んで「被レ為二成下一（なしくだせられ）」となります。「成」も「下」も、ここでは読みやすいくずしですが、「成」については「成」パターン（第四章第四節）、「下」は162ページの色々なくずしを、もう一度見ておきましょう。

は「難レ有（ありがたく）」。「難」は「難相見」練習問題38、「難相見へ」練習問題40で、「有」は「有之候ハ、」練習問題38で見ましたね。

は、練習問題41の「奉」です。先ほどは「奉申上候」でしたが、今度はを読んでからひっくり返ります。は「存」ですので「奉レ存（ぞんじたてまつり）」。そして「候」で止まっていますね。私たちが現在書いている文章で言うと、「候。」と句点が付く感覚です。

ここまで読んでおわかりのように、古文書には句読点（。や、）は付いていません。読みながら、〝ここは文章が切れる「。」の所だ〟とか〝ここに「、」があると文意を取りやすい〟などと思いながら文書を読んでいくことになります。

その際、〝「候」があったら、必ず「候。」で文章が終わる〟とは限りません。「候ハ、（そうらわば）」練習問題38、「候ゆへ（そうろうゆえ）」練習問題40と続いていましたものね。

しかし、ここでは「難レ有奉レ存候（ありがたく、ぞんじたてまつりそうろう）」で、はっきり止まっています。

ではこの箇所の文意をまとめてみましょう。

御聞届ケ被為　成下
難有奉存候

私どもの願いを、御聞き届けくださったことを
ありがたく存じもうしあげます。

ここまでで、第一節（178・179ページ）に載せた全文を読み終わりました。

内容を整理してみましょう。たったこれだけの中に、領主側と村側に何段階ものやりとりがあったことがわかりました。

領主側から、制札の文字について命令が下った。
←
それに応じて、村で制札の文字を調べた。
←
その結果、一枚の制札の文字が、見えなくなってしまっていることがわかった。
←
そこで、書き替えさせてほしいと、改めて村から領主に願い出た。
←
その願いが聞き届けられ、村側は御礼を述べている。

こんな具合ですね。

古文書には句読点がないのと同時に、主語も省略されていることが多いですから、それを心の中で補いながら、あるいは声に出して言ってみながら読んでいくといいですね。

さて、これで、この文書のこの部分を卒業してしまっていいでしょうか。違うのです。

ここからが、大切です。

第三節　もう一度挑戦！　今度は全部読める？　文意もわかる？

練習問題43　？かくれんぼ！　見つけよう！

左の古文書を、五回、声に出して読んでみてください。一回目と二回目、そして五回目ではどう違いますか。読むたびに、新たな発見をしてください。

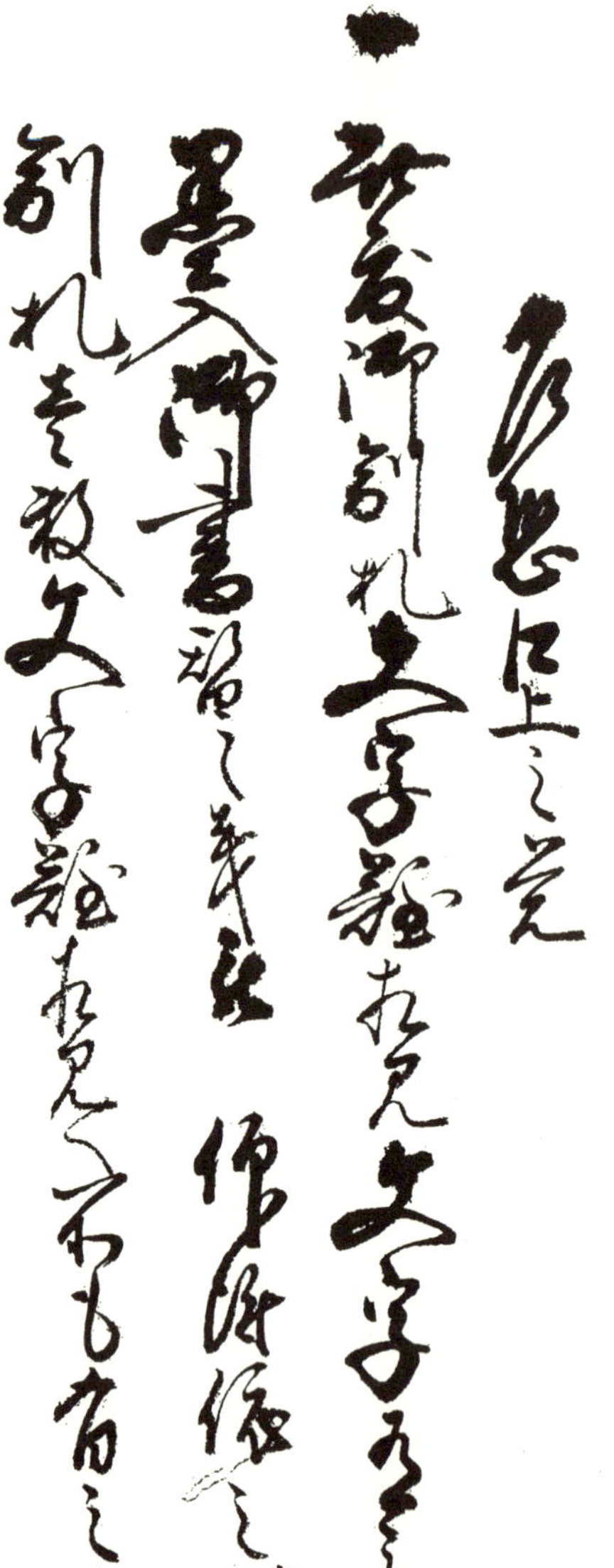

乍レ恐口上之覚　（おそれながら、こうじょうのおぼえ）

一　此度御制札文字、難ニ相見一文字、有レ之候八、

（ひとつ、このたび、ごせいさつもじ、あいみえがたきもじ、これありそうらわば、

墨入御書替之義、被ニ　仰附一、依レ之御

すみいれ、おかきかえのぎ、おおせつけられ、これにより、ご

制札壱枚、文字難ニ相見へ一所も有レ之候ゆへ

せいさついちまい、もじ、あいみえがたきところも、これありそうろうゆえ、

御書替等之義、御願奉ニ申上一候所、御聞

おかきかえなどのぎ、おねがい、もうしあげたてまつりそうろうところ、おきき

届ケ被レ為ニ　成下一難レ有奉レ存候

とどけ、なしくだせられ、ありがたく、ぞんじたてまつりそうろう）

どうでしたか。

一回目は、文字を追うのがやっと、読むだけで精一杯だったのではないでしょうか。

それが、二回・三回になっていくと、〝この字とこの字は同じ字だ〟〝「有」でもとの両方のくずし方が出ている〟などと、くずし字自体を見る目にも余裕が出てきます。前後のくずし字と一緒に、意味のまとまりとして目に飛び込んでくるでしょう。

そして、四・五回目になってくると、文字を読みながら、自然に文意も頭に入ってくる。知らないうちに、文字と文意が同時に理解できるようになっていることでしょう。

そうなってくると、音読の声も自信に満ちたものになってくるでしょうし、自分の声を聞くことによって、いっそう理解が深まります。さらに何回も読み込んでください。

〝声に出して読む〟ことは、古文書解読の上達のために、是非ともお勧めしたいことです。油井宏子著『古文書はじめの一歩』『古文書はこんなに面白い』（柏書房）に書いた勉強方法などを参考になさってください。

さて、この文書には、さらに続きがあります。どのようなことが書かれているか、お話をしておきます。

書き替えのために、自分たち村役人たちが御制札をおろして見てみたところ、御制札に「筋」がありました。この「筋」がいつごろからあったのか、村人たちみんなに聞いてみましたが、だれも知らないと言っています。自分たち村役人（庄屋・年寄）もいっこうにわかりません。御制札に「筋」があったことについて、お詫びを申し上げます。何卒、お許しをいただければ、村人たち一同、ありがたく存じます。

何やら話の向きが少し変わってきたようです。

「筋」というのは、疵（きず）がついたり、ひびが入っていたりした、ということでしょう。割れるまではいかなかったのでしょうが、制札の木板に、何らかの破損があったのですね。書き替えのためにおろしてみるまで、それに気がつかなかった。村人たちも、村役人たちもその事実に気づかなかったし、いつからそうなっていたかもわからない、ということのようです。

この文書の主題としては、書き替えの許可を得たことへの御礼もさることながら、御制札の管理不行き届きについて御赦免を願い出ている方の比重が大きい、と考えられます。

文書を読む時には、だれが、いつ、だれに宛てて、何のためにその文書を書いたのか、その文書がどんな歴史的・地域的な背景を持つのか、などを考えたり調べたりしながら読むと、とても楽しいです。

〝こんなに読めるようになった〟と自信を持っていただけたでしょうか。ここからがスタートです。さらに深く広い古文書の世界を楽しんでいってください。

おわりに

ちょっと見方を変えてみると、今まで見えなかったものが見えてくることがあります。そして、それを突破口にして、難攻不落に思えたものが、霧が晴れたように浮かび上がってくることがあります。その糸口になるものをつかむことが、とても大切です。

〝どのようにしたら、くずし字が字として目に入ってくるか〟について、様々な工夫をこらした本書を通じて、そんな体験ができたでしょうか。きっとあなたの頭の中で、今まで無関係だったくずし字同士も結びつき、くずし字の地図、くずし字の相関図ができつつあると思います。

あとは、実際に古文書を読みながら、前後の字や文意文脈から総合的に判断して、古文書の世界を大いに楽しんでいってください。

鈴木一誌氏と上村隆博氏のすばらしい装丁をお届けできるのが、私も本当にうれしいです。

岡田剛士氏には、分解した複雑なくずし字を、丁寧に正確に組み入れていただきました。

柏書房の小代渉氏には、古文書関係の本の有能な編集者として、大変お世話になりました。

お力をいただいたすべての方々に心から感謝し、皆様のお手元に本書が届くのを、楽しみにしております。

油井宏子

著者略歴　油井宏子（あぶらい ひろこ）

1953年　千葉県市川市生まれ。
1976年　東京女子大学文理学部史学科卒業。
船橋市、市川市の公立中学校教諭を経て、
1989年から NHK 学園古文書講師。
近世史や古文書を学ぶ面白さを、全国各地の講座やシンポジウムで紹介している。

おもな著書・監修・論文など
『江戸奉公人の心得帖――呉服商白木屋の日常』（新潮新書、2007年）
DVD 版『油井宏子の楽しく読める古文書講座』全５巻（紀伊國屋書店・柏書房、2007年）
『手がかりをつかもう！　古文書くずし字』（柏書房、2014年）
『絵で学ぶ古文書講座――漂流民と異国船との出会い』（柏書房、2011年）
『そうだったのか江戸時代――古文書が語る意外な真実』（柏書房、2010年）
『江戸時代&古文書　虎の巻』（柏書房、2009年）
『古文書はじめの一歩』（柏書房、2008年）
『江戸が大好きになる古文書』（柏書房、2007年）
『古文書はこんなに魅力的』（柏書房、2006年）
『古文書はこんなに面白い』（柏書房、2005年）
『古文書検定　入門編』（柏書房、2005年）
「銚子醤油醸造業における雇傭労働」（『論集きんせい』第４号、東京大学近世史研究会、1980年）
「醤油」（『講座・日本技術の社会史』第１巻　農業・農産加工、日本評論社、1983年）
『国史大辞典』（吉川弘文館）に「銚子醤油」など４項目執筆。

古文書《こもんじょ》くずし字《じ》　見《み》わけかたの極意《ごくい》

2013年４月30日　第１刷発行
2018年６月25日　第５刷発行

著　者　油井宏子
発行者　富澤凡子
発行所　柏書房株式会社
〒113-0033　東京都文京区本郷 2-15-13
tel. 03-3830-1891（営業）
03-3830-1894（編集）

装　丁　鈴木一誌+上村隆博
組　版　有限会社アイメディア
印　刷　壮光舎印刷株式会社
製　本　株式会社ブックアート

ISBN978-4-7601-4251-4

座右に置いて江戸時代やくずし字を調べたい方へ

●かゆいところに手が届く、読みもの的ガイドブック！

江戸時代&古文書　虎の巻

978-4-7601-3539-4

油井宏子【監修】　柏書房編集部【編】

A5判・一八八頁　一、四〇〇円

暦・干支をはじめ、老中・町奉行・勘定奉行などの幕閣主要人名から、街道名、郡名、度量衡、貨幣、変体仮名、異体字などまで、歴史探究への入り口として便利なライブラリー。時代小説を読むときにも活用できます。

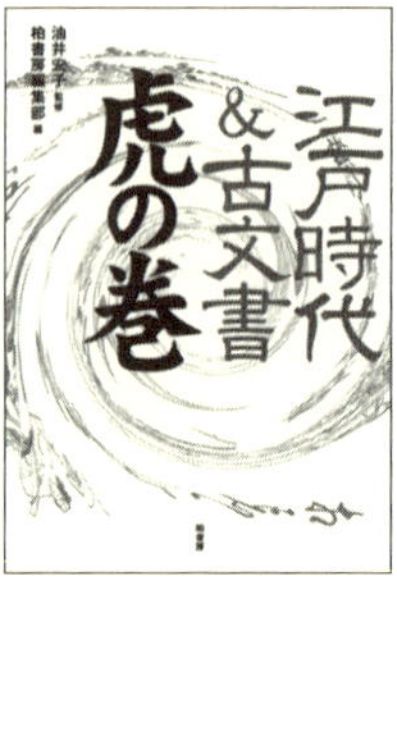

●小さいのに驚くほどの情報量！　携帯に便利なハンディ版

【入門】古文書小字典

4-7601-2698-8

林英夫【監修】　柏書房編集部【編】

B6変型判・五六四頁　二、八〇〇円

古文書初心者・入門者に最適なくずし字字典。見出語として八一〇字を厳選し、くずし字五〇〇〇例、熟語・用例九三〇〇例をぎっしりと収録。また、筆づかいがわかるペン字骨書もついています。この一冊を使いこなせば古文書の九割以上は読めます。

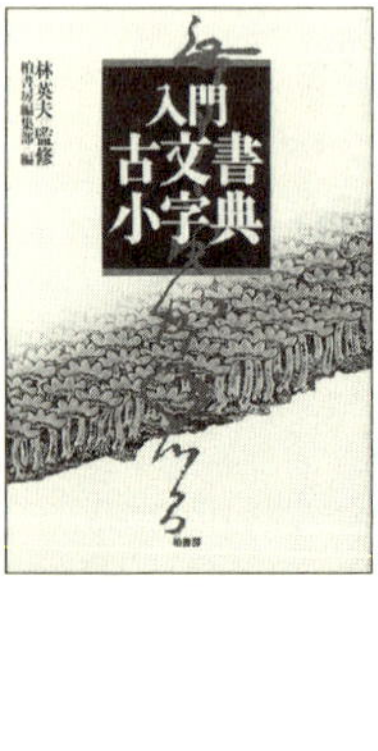